U0932072

香港神學院

當代教會課題研討

當傳統遇上更新

當代基督徒的更新之旅

鄧瑞強、趙崇明 合編

基道出版社

▼

香港神學院．當代教會課題研討

當傳統遇上更新

當代基督徒的更新之旅

The Renewal of Faith in Tradition

合編

鄧瑞強、趙崇明

執行編輯

梁冠霆

裝幀設計

奇文雲海．設計顧問

■

聯合出版

香港神學院
香港九龍塘
金巴倫道 17 號
BIBLE SEMINARY OF HONG KONG
18 Cumberland Road,
Kowloon Tong, Hong Kong
電話：(852) 2336-0088　傳真：(852) 2338-9908
網址：http://www.bshk.edu.hk

基道出版社
香港沙田火炭坳背灣街 26 號
富騰工業中心 1011 室
LOGOS PUBLISHERS
Unit 1011, Fo Tan Ind. Centre, 26 Au Pui Wan St.,
Shatin, Hong Kong
電話：(852) 2687-0331　傳真：(852) 2687-0281
網址：http://www.logos.com.hk

發行

基道出版社

承印

海洋印務有限公司

●

4/2013 初版

Cat. No. LP933

ISBN: 978-962-457-460-9

Printed in Hong Kong

刷次	10	9	8	7	6	5	4	3	2	1
年份	2022	2021	2020	2019	2018	2017	2016	2015	2014	2013

編者序

鄧瑞強

按存在主義的講法，一塊石頭沒所謂「存在」，它只是「在」（is），地上惟有人「存在」（exist）。「存在」（exist）就是「越出」自己的「在」，"exist"的意義在於"ex"（越出）自身的"ist"（所是）。單單「在」的東西，只是「物」。人不是物，人能越出自己的物性。人是能超越自身「物性」的「存在者」。單純「在」，沒有甚麼真實歷史可言。地上只有人，因著要越出自身之所是所在，而跳躍到將來之所是所在，而展現出生命存在的歷史性。生命的跳躍，就是由所站之處跳到未得之地，所站之處是人的「過去」，未得之地是人的「將來」。由過去到將來，開展了有意義的歷史。一塊火星上的石頭，沒有所謂「歷史」，它只是「在」那裏。惟當人為了自身的前景，而研究火星的地質時，才揭開這塊石頭的「歷史」。這塊石頭因為人的關注而展示出對人有意義的歷史。當人超越自己此時此刻的所是所在時，會將自身的「歷史性」貫注在萬事萬物中。萬事萬物之有所謂「歷史」，是因為人的關注。「傳統」與「更新」之所以成為主題，正源自人的「存在性」及「歷史性」。

人總是由所站之處跳到未得之地。沒有此生命的跳躍，人就淪為「物」，失去其「存在性」。人所站之處，就是其「傳統」。有了「傳統」，才有「越出」自己的據點。我們是歷史性的存在，我們不是破空而出的。我們一出生，便被某種生命的「傳統」承托著、乳養著。我們生而為某個民族的一員，是某個國家的國民，有某種膚色，講某種語言，承接著某種文化的陶成，等等等等。這一切就是我們的「傳統」。我們不能擺脱這生命之所由來的「傳統」。就以語言為例，每個人都有自己的語言。按哲學家維根斯坦(Ludwig Wittgenstein)的講法，我們語言的界限，就是我們自己的世界的界限。譬如說，我們的語言能表達出多少種顏色，決定了我們能認知到多少種顏色。在法語裏，名詞各有性別，以法語理解的世界是萬物性別分明的世界，但以漢語理解的世界卻完全不是這樣的。

我們的「傳統」，是我們立足之地，也是我們「越出」自己的據點。「傳統」教我們怎樣去思、去想、去經驗、去表達。電腦沒有「作業系統」，無論多厲害的電腦也只是一堆廢物。「傳統」就是人性存在的「作業系統」。沒有「傳統」，人就無從發揮人性。那個住在森林，與猩猩為伍的「泰山」，若他根本不懂人類語言，不被任何人類「傳統」所模塑，他只能與猩猩無異。沒有「傳統」，我們根本無法以「人性」觀看世界，無法以「人性」理解世界，無法以「人性」言說世界。用另一句來說，沒有「傳統」，我們根本無法「存在」(exist, ex-ist)。

「傳統」給我們一種「看」世界的方式，或者說，「傳統」為我們開啟一個「界域」(horizon)。這個「界域」是開放的。我們的「存在性」讓我們不斷向前跳躍，從所站之處跳到未得之地，從過去走向將來。我們的「傳統」教我們如何「看」，「傳統」開啟的「界域」讓我們「看」出應跳往何方。跳出後，在新的立足點上，「界域」將變得更寬廣。「傳統」是一個路標，它指出要走的方向。路標的用處，不是叫人停在某點，而是引領人前進。按路標的指引，人從一地點走到另一地點。站在新的地點上，回頭望，會看到所經過的過去的地點的存在意義。不經過過去的地點，就不能走到現今之地。過去的每一站，都有其風景，但作為旅途中的一站，都不是讓人永久長駐的。每到一站，下一站的路便在「界域」中展開了。在新的「界域」裏，旅途的意義看得更分明。旅途之所以可能，是因路標之指引，或者說，因「傳統」之助。我們不能沒有「傳統」。沒有「傳統」的指引，我們無法起行。但我們也不應守在過去某個驛站裏，這只會將活的「傳統」弄死。「傳統」作為路標，指引我們的旅程，也鼓勵我們常常走在旅程中。

我們是歷史性的存在，但我們是否真的開展我們生命的歷史性，或者說，是否真的展示我們的存在性，仍有待我們的抉擇。人雖然是人，但有些人寧願將自己「物化」，放棄「人性」。哲學家海德格（Martin Heidegger）將人分成「非真實的人」和「真實的人」。「非真實的人」遺忘傳統，遺忘過去，將過去視為「過去」，「過去」真的「過去」了，不再與己有關。他們視「將來」為「未來」，「未來」者是仍「未」來的，故也與己無關。若「過去」者已全然過去，「未來」者仍未來，則當下只是無數瞬間的曇花一現。這樣的人，只會今朝有酒今朝醉，只會隨波逐流，只會將真實的生命交給潮流去決定。簡言之，他將自己變成「物」，任由環境操控。「真實的人」完全不一樣。「真實的人」將過去視為「曾經」，「曾經」者乃「曾經經歷過」的，這些「曾經」的東西成為生命的真實歷史，成為生命珍惜的傳統，這傳統仍承托著現今的生命。這些人視「將來」為真正的「將來」，「將來」者乃「將要來」者之謂。「將要來」的東西當然與當下生命有關。當下生命正是要迎向「將要來」的東西。在「曾經」與「將來」之間，真實的人視「現在」為當機立斷的當下時機。他踏實在「曾經」的「傳統」上，當機立斷，向「將來」之地跳過去。一個真正「存在」的人，不會忘記歷史的「曾經」滄桑，他會汲取歷史的教訓，以大無畏的精神，為世界「將來」的福祉而背起責任的十架。惟有這種人，他完成歷史交給他的天命。

我身為中國人，內在地具有中國人的諸種傳統。我抉擇成為基督徒，也承接了基督教的諸種傳統。不同傳統展示出不同「界域」，這些不同「界域」如何成就「界域融合」，的確是要努力解決的一大問題。但無論如何，一個真實的人，一個真實的基督徒，總是按「傳統」的指引去「看」，並大膽地回應上主的呼喚，從「傳統」跳向「將來」。這一「跳」，使「傳統」顯而易見及藏而未露的資源力量發揮作用，「曾經」累積的智慧，幫助人面對「將來」的挑戰。這不單沒有撇棄「傳統」，反而展示了「傳統」的生命力，豐富了「傳統」。努力一「跳」的人，擺脱了「物化」，展示了信仰的生命。立足於堅實的「傳統」，透過「傳統」提供之「見」，大膽地迎向「將來」種種問題的人，才算是「歷史」地「存在」過的人。

這本小書的文章寫成之日（二○一二年），適逢香港神學院成立六十週年之時。這間小小的神學院，有説不盡的「曾經」，也迎向不可測的「將來」。但願我們不將自己「物化」，在這「曾經」與「將來」之間，順從天父的召喚，躍出信仰的一步，讓我們成為沿著基督信仰「傳統」的路走下去並深化這「傳統」的一員。這本小書的出版，盛載著神帶領香港神學院走過六十年的恩情。是為序。

目錄

1 神學的傳統與更新

趙崇明

一 引言

可能潮流愛講「多元」、「解構」、「激進」、「反建制」和「顛覆霸權」，於是「邊緣」或「異端」反而逐漸被人接受，「傳統」或「正統」卻變得愈來愈沒有市場，因為後者總是容易給人「狹隘」和「保守」的感覺。連神學和信仰也不能例外。然而，柴斯特頓（G. K. Chesterton）卻敢於提出「反潮流」的看法：

> 教義必須嚴加界定，就是為了人類可以享有一般人性的自由。教會一定要分外小心，慎防世界不夠小心。這就是正統信仰令人震撼的浪漫。一般人往往陷入一個愚蠢的習慣，慣性以為正統信仰是沉重、單調而不會出錯的事物。從來沒有比正統信仰更冒險更刺激的事情了……做狂人容易不過，同樣做異教徒容易不過。隨時代的意

> 願走有何困難，隨自己的意願走才困難呢！做現代人何其容易，這有如附庸風雅般容易。[1]

誠然，基督徒需要有創意去更新神學，但更需要有勇氣去維護正統。畢竟「正統」並非某一神學家獨斷的學説，而是歷代教會傳統的共識。因此，「正統」教義必然是傳統的（traditional），也是屬於傳統（Tradition）的。

神學的更新肯定是需要的，不過我們實在需要澄清「神學的更新」是甚麼意思。同時，如果神學的更新要避免過度出軌而成為異端，則「傳統」其實扮演非常重要的角色。然而，我們可能對「傳統」存在不少誤解，亦未必明白「傳統」有何意義。究竟「傳統」對神學的更新有何重要？重視「傳統」跟「唯獨聖經」又是否對立？本文正是嘗試探討這些問題。

二 神學必須不斷更新

1. 真理是歷史事件

如果神學的任務就是認識真理，那麼，我們有怎樣的真理觀，就影響我們怎樣看待神學。一直以來，不少信徒都將「真理」理解為一種非時間性、永恆不變、放諸四海皆準的普遍原則或恆真命題，於是神學就是一套認識不變真理的理論。既然真理永恆不變，神學又豈敢輕言變革創新。

然而，聖經卻清楚告訴我們，耶穌宣稱自己就是「真理」本身。原來真理既非柏拉圖式非時間性和永恆不變的理型（idea），也不是抽象的概念或命題，而是成了肉身且住在我們中間的道，是活生生地存在於可變的歷史時空中的人子，真理以肉身性的具體位格這種方式向人啟示，讓人認識（參約一 17～18，十四 6～7）。故此，真正能啟示上帝的真理，並不是一套放諸四海皆準和永恆不變的原則或命題，卻是那宗在具體歷史時空中出現的「基督事件」（the Christ event）。既然真理是歷史事件，我們亦只能從動態的歷史性和具體的敍事性這些角度去理解神學。如此一來，神學又豈能停頓不前、一成不變呢？

事實上，神學不可能是一套抽象和空泛的理論，因為神學總是從歷史中的教會生活和信徒踐行當中產生的。換言之，神學的形成本身也是歷史事件。就以教會的敬拜為例，也許我們以為先有教義或關於敬拜的神學理論，然後才有敬拜的生活。但教會歷史告訴我們，事實上一些教義（例如三一論、基督論、教會論）是在初期教會的敬拜生活中逐漸形成的，甚至可以說，於歷史時空中敬拜的實踐，在構成和塑造基督教教義的內容上扮演重要的角色。在古代的基督教世界裏，正統（orthodoxy）原本是指「正確的讚美」或「正確的崇拜」，初期教會的神學就是在崇拜禮儀的羣體活動中產生的。[2] 帕利坎（Jaroslav Pelikan, 1923～）也如此說：

> 基督教的教義是教會在祈禱和受苦、服事和順從、慶祝和等待上帝的國到來時所相信、教導和宣稱的。它也表達了基督徒信心和見證的不完整性，對使徒們所承認的真理的最明顯的說明是哥林多前書十三章 12 節：「我們如今彷彿對著鏡子觀看，模糊不清……我如今所知道的有限。」[3]

帕利坎這段說話，從三方面說明了神學活動和教義內容的變更性：第一方面，正如上文所闡述的，由於教義是從歷史中的教會生活和信徒踐行當中「相信、教導和宣稱」的，所以一切的神學活動和內容，從歷史時間的角度而言，都只是暫時的，以及仍可以更新變化的；第二方面，帕利坎從期待上帝國的來臨這一終末角度，來指出神學活動的創新性，乃是基於它是向終末將來的可能性而開放的；第三方面，當然也由於我們對上帝「所知道的有限」，所以一切的神學活動，也只能仍是在「模糊不清」的狀態下進行，因而是可錯的、可修正的、可不斷更新的。由此可見，神學必然是歷史的產物，它必然是在歷史進程中經歷不斷的建構整理和更新變化而形成的，而且由於歷史還未終結，於是神學的建構和更新仍會繼續進行。

何況歷史中的教會，必然會身處不同年代和不同文化的處境，於是對聖經和信仰的詮釋就不可能鐵板一塊、一成不變，神學就是教會在不斷轉變的文化語境底下，對上帝的道詮釋得來的暫時成果。正如威廉姆斯（D. H. Williams）以下的分析：

> 如果傳統是因為在具體的、活生生的羣體中的動態的發展才成為其所是，那麼傳統本身就是教會如何用它所獲得的東西來應對當前環境的過程。換言之，在歷史中，當傳統遭遇教會所面臨的新的危機時，傳統總是處在一個與自身對話的過程中……我們很容易從護教士和稍後的神學家的著作中看出，內部對「異端」的爭論以及對羅馬異教的抨擊如何有益於教會教導的闡述與重新闡述，這種闡述是將表達在傳統之中的信息應用於當時……意見一致與彼此爭論使得忠實地重新闡述信仰成為可能……事實上，信仰反映了活的傳統，所以從

> 某種意義上說，信仰總是處在一個內在的不斷進步的過程中。[4]

在歷史中存在的教會，為了配合時代的轉變和對應當前嶄新處境的需要，傳統的教義便不能不作出應變，而神學的更新其實就是將傳統教義重新闡述和應用。

2. 神學的更新源於上帝創造及啟示的「創新」

惟獨上帝能「從無中創造」，意思是惟獨上帝能不倚靠任何外在的事物和先存的條件去創造一切，因此，惟獨上帝的創造才配稱為真正的創新。人類在這被造世界中，只能承擔「管理」、「治理」（創一26、28）或「修理看守」大地（創二15）這文化使命。顯然，人類在履行文化使命的時候，絕無可能像上帝一樣能「從無中創造」，因此人類所有的文化工作（包括神學），都不可能是「從無到有」的真正創新，最多只可說是建基於上帝所創造的二次創作。

何況如果神學的目的就是認識上帝，我們又必須承認，人不可能依靠自主和有限的理性經驗認識那超越的上帝，若要認識上帝，惟獨倚靠上帝自我啟示的恩典。因此，一切神學知識的「創新」，不可能是憑人類自力理性（unaided reason）的「創作」，亦不應該是隨己意和追逐最新文化思潮的「新潮」產品。

神學之所以能夠更新，只可能是被動和被賜予的「更新」，只是由於神學家聆聽到來自上帝啟示的新意，或者是由於神學家發現了來自上帝啟示的那個陌生新世界，就好像巴特（Karl Barth）發現了聖經中的陌生新世界一樣：「構成聖經的內容的，不是人類關於上帝的思想，而是上帝關於人類的思想。聖經並不告訴我們應該如何同上帝談話，而只告訴我們祂對我們說了些甚麼。」[5] 從人類的理性經驗和語言出發而投射出來的上帝觀，也許只是人類意識經驗的複製本而已，毫不陌生，何來有新意？但巴特認為聖經的內容，卻是來自那外在於人的完全的他者（the Wholly Other）之思想，如此說來，神學的「新」或「更新」，便不應只建立在人的理性經驗和想像力的所謂創新性上面，卻是建基於上帝的道（或啟示）本身的陌生性（strangeness）之上。既然如此，神學之能否更新，便首先取決於我們能否聆聽到上帝那陌生的道了。

總而言之，神學的更新絕不可能是人類理性「從無到有」的創新發明，只可能是源自上帝啟示「從有到有」的發現。

3. 神學帶來生命和世界的更新

我們身處的是一個非常看重知識（或資訊）的現代社會。因為「知識就是力量」，所以大家都會明白知識和資訊的重要性。身為現代人（或譯「摩登人」〔modern man〕），固然亦明白講究時尚、追趕潮流的重要，因為不夠摩登就會與時代脫節，甚至隨時會遭受淘汰的惡運。故此，知識自然也要講求時興和創新，惟恐被人批評思想守舊和落伍，作為摩登人便急於要掌握最新的知識和資訊。甚至神學思想也不能例外，不少基督徒學習神學，可能也只是為了不斷滿足個人的求知慾，甚至是抱著「知識就是力量」的心態去「充實」自己，以為愈能夠掌握最新興的神學就代表愈有見識，愈有「力量」（power），於是只將神學看為一種知識，當談到神學更新的時候，關心的僅是神學思想能否追貼世俗最新興的文化或學術思潮，追求的只是神學知識的最新發展而已。

然而，僅僅追求神學思想或神學理論上的創新，恐怕仍然對神學的目標和任務有點捉錯用神。正如保羅的提醒，信徒要追求的應該是：「不要效法這個世界，只要心意更新而變化，叫你們察驗何為上帝的善良、純全可喜悅的旨意。」（羅十二2）保羅所強調的更新包括兩方面——信徒生命和世界的更新。惟有願意開放自己，讓心意更新變化，才能察驗和順應神的旨意，生命便因而得以更新。結果，消極來說，就會不去效法世界，不隨波逐流；積極地說，就會改變世界，更新世界的文化。由此可見，神學最終應該是踐行性的，而不應只是知識性和理論性的。

事實上近代愈來愈多神學家認同神學就是倫理學，倫理學和神學的關係猶如一個錢幣的兩面。正如侯活士（Stanley Hauerwas）說：

> 如果神學的信念乃旨在理解這世界——即如果神學的信念帶有踐行性論述的特性——那麼神學從一開始就牽涉到倫理學，而不是要留待到最後才作出考量。[6]

> 基督教倫理學是位於神學任務的中心，因為神學是一踐行的活動，並要展示出基督教的信念如何理解自我和世界。因此，那些關乎創造和救贖的神學主張，本身已是倫理的主張，因這些主張會確定一個人如何運作。[7]

因此，要評價神學的創新性，最重要是看它能否為教會創造一種有別於俗世文化的另類方式來看世界？能否塑造信徒的品格和生命不斷轉化更新？能否影響信徒不斷擺脫舊我而成為新造的人？以及能否將神學信念踐行出來，以一種另類的生活方式來影響世界的轉變？在侯活士和范尼雲（Jean Vanier）合著的《暴力世界中的溫柔》（*Living Gently in a Violent World*）這書的導論中，斯溫頓（John Swinton）分享了一個很美麗感人的故事：一位失聰的女士安琪拉（Angela），有一晚發夢在天堂裏遇上耶穌，耶穌竟然用手語跟她溝通。[8] 這件事啟發了斯溫頓有以下的神學反省：

> 對安琪拉來說，天堂的完美不包括她的失聰「得醫治」。而是，在那個地方，那些限制著她現在生命的社會、關係和溝通的障礙都不再存在……在我們聆聽安琪拉的故事時，我們的心意便得到更新（羅十二2），而且在耶穌從祂自己居住於殘障的「陌生世界」中向我們說話時，我們便能得自由，以不同的方式看祂。這是多麼的古怪。[9]

當世人不斷追求最新的科學知識和掌握最新的基因技術，為的是要杜絕患有先天殘障疾病（如唐氏綜合症）的兒童出生的時候，安琪拉的故事和斯溫頓的「殘障神學」，豈不是已為我們提供了一種另類的方式來看世界和殘障人士，並且塑造我們以一種另類方式在世界中生活和踐行麼？這豈不就是一種真正能帶來生命和世界更新的「新」神學麼？[10]

莫特曼（Jürgen Moltmann）也肯定神學具有「轉化及更新」的功能，不過在他心目中，神學的更新同樣不在於僅是知性思維和理論概念上的創新，而是對世界文化的批判更新。他曾經如此說：「神學家並不汲汲於解釋世界、歷史和人性，而是在盼望神聖的更新中轉化世界。」[11]

三 神學必須夠傳統

我們身處的是一個鼓吹「貪新忘舊」的消費社會，這種消費心態，會否也影響我們對神學也採取同樣的態度？會否總是以為神學思想愈新愈好，甚至誤以為愈創新就代表愈激進、愈開放；愈傳統就代表愈保守、愈封閉。於是眾人爭相走在神學最新潮流的前端，惟恐落伍便會被冠以「保守派」之惡名。上文已經提過，神學固然要不斷更新，但筆者認為，在更新的同時，神學也必須夠傳統。或者說，神學不能脫離傳統來講更新。如果以為「更新」和「傳統」必然矛盾對立，也許只是出於對「傳統」的誤解而已。

1. 對「傳統」的誤解

也許我們以為很清楚「傳統」是甚麼意思，但說真的其實可能只是似懂非懂。當別人說「你的髮型很傳統」或「你的服飾打扮很傳統」時，究竟指的是甚麼？意思是古老？不合潮流？落伍？保守？古典？懷舊？抑或是富有傳統文化或民族特色呢？又當別人評價「你這個人很傳統」或「你的想法和思想很傳統」時，指的又是甚麼意思？是守舊？落伍？僵化？保守？不合時宜？抱殘守缺？食古不化？反民主？反自由？排斥多元？崇尚舊日權威？抑或有歷史意識？回歸根源呢？

當我們以為「傳統」就是「舊」的同義詞，那麼，「傳統」的相反是否就是「新」？然而，「新」又是甚麼意思？一般來說，學習一種尚未認識的知識，對那人來說就算是一種新知識。那麼，孟子在《告子篇》提及的「天爵」與「人爵」的觀念，[12] 以及荀子的「虛壹靜」這些中國傳統的儒家思想的觀念，對一個不懂得儒家思想的人來說，究竟是「傳統」抑或「新」觀念呢？又例如用某套現代最新的哲學思想去詮釋奧古斯丁（Augustine）《懺悔錄》中的「時間觀」，究竟是一種很傳統抑或很創新的神學思想呢？

原來「傳統」可以包含不同的意義，然而給人的卻多是負面的印象，一般容易將「傳統」跟「保守」、「落伍」、「守舊」、「封閉」混為一談，以為「傳統」的對立面必然是「開放」和「創新」，而且以為非此即彼，「傳統」與「更新」兩者不可能同時並存。如果接受傳道書的講法：「日光之下無新事」（傳一 9 ~ 10），那麼，這世界還有沒有真正「全新」的事物和觀念呢？抑或一切最多都只是「傳統」的翻新而已？正如柴斯特頓帶點自嘲的分享：「我正是那個可笑的人，付上無比的勇氣，只不過發現了前人早已發現的事物……我的確試過要……做到獨創，卻只成功地自我創造了較現存的文明宗教次等的版本。」[13]

2.「傳統」與「傳統主義」的分別

當代著名的教義史專家、耶魯大學教授帕利坎在學術上最大的貢獻是花了十九年時間（1971 ~ 1989）完成了《基督教傳統——教義發展的歷史》（*The Christian Tradition—A History of the Development of Doctrine*）五卷本的巨著，他有一句名言提到「傳統」（tradition）與「傳統主義」（traditionalism）的分別：「傳統是死人的活信仰；傳統主義是活人的死信仰。」（Tradition is the living faith of the dead; traditionalism is the dead faith of the living.）[14]「傳統」儘管是死去的人遺留下來的舊東西，但它卻能活化我們的信仰，使信仰更有生命和活力；相反，「傳統主義」雖然也許是今天還活著的人堅持的觀念，卻可能由於過於僵化而使信仰的發展窒息。帕利坎很清楚地指出

「傳統」與「傳統主義」的主要分別在於「活信仰」與「死信仰」的區別。按照他的定義，「傳統」本應是有生命的、有活力的、會轉化更新的，所以它反而能夠成為建立活信仰的重要資源。因此，要否定和拋棄的絕不是「傳統」，而只是「傳統主義」所死守的僵化和一成不變而已。

3.「傳統」的意義

帕利坎不但沒有將「傳統」與「更新」對立起來，他甚至明顯地將兩者整合而並存，因為他認為「傳統」就是古人的信仰可供不斷更新的資源，所以他用一個「活」字來形容「傳統」。梅頓（Thomas Merton）也同樣認為一個活的「傳統」是歷久常新和充滿創意的，他如此說：

> 傳統既是歷久的，也是常新的，因為它總是不停地更新——在每個新時代中再度重生，以一種嶄新而獨特的方式被應用和活現出來⋯⋯傳統是充滿創意的，它總是獨具創見，給古舊的旅程開啟嶄新的視域⋯⋯〔它〕教導我們如何過活，因為它發展及擴闊了我們的各種能力，並且給我們展示如何向我們所活著的這世界獻上自己。[15]

也許亦有人以為，「傳統」就代表保守、落伍和封閉，因此是反民主的，對於「傳統」就是「反民主」的講法，柴斯特頓卻有另類的見解：

> 有一個說法，從年輕到現在是搞不清楚人們到底從哪聽

> 來說：民主是在某種意義上反對傳統的？顯然，傳統只不過是在時間軸上延展的民主。傳統就是相信從人類共同的聲音得來的共識，而不仗賴孤立或專斷的記錄……所謂傳統，可界定為選舉權的延展，其意思就是把投票權賦予各階級中最隱匿的一羣；我們的祖先。傳統正是死去的人的民主。[16]

深受啟蒙運動思想影響而主張反權威的現代人，可能只會認為「傳統」就是「權威」的同義詞，很難想像「傳統」竟然可被視為歷代先人投票所得出來的某種共識的結果。因此，真正的民主，未必反對傳統。惟有只高舉個體的自主性（autonomy）的人，才可能會跟傳統過不去。

事實上，沒有任何的思想（包括反傳統和反權威的自由民主思想）不是在傳統當中產生的。威廉姆斯解釋得很清楚：

> *traditio*（轉移，希臘文是 *paradosis*）一詞，意味著從一個陣營轉移到另一個陣營，是事物的交換，表明了活的對象。*Traditio* 是名詞，同時也是動詞（*tradere*）。它就是耶穌「傳給」使徒，使徒「傳給」教會的東西，但它也指傳下來的過程本身。在動詞的意義上，或在行動的意義上，我們應該認為教會的傳統是動態的；它是一個基督教的信仰沉澱、保存和傳遞的運動……我們無法理解教會傳統的本質，除非我們見識了教會的生命力，教會的禱告、唱詩、佈道和讚美。傳統就是教會的生命。[17]

「傳統」就是一個不斷將思想或信仰「傳遞」下去的過程，「傳遞」的過程本身固然已經是「活」的（或動態的），所「傳遞」的內容也不可能一成不變。威廉姆斯不但肯定「傳統」的活力和可變性，以及承認「傳統」可為教會活的信仰提供生命力，他亦認為「傳統並非基督信息的附加物；它就是信息和信仰的主要載體」。[18] 換言之，信仰的內涵必須經歷一個「傳承」的過程。正如保羅所說：「我稱讚你們，因你們……又堅守我所傳給你們的。」（林前十一 2）又說：「我當日傳給你們的，原是從主領受的……」（林前十一 23）而上帝又確實要求我們把福音「傳遞」開去，當然指的不僅是同時代的「傳遞」，也包括跨時代的「傳承」（參太二十八 20；林前十五 1～4、11；帖後三 6；[19] 來二 3）。威廉姆斯亦引用了斯基茲戈爾（K. E. Skydsgaard）的觀點來說明「傳」福音的意思：「活的基督的福音是一個活的宣告，是使徒宣講（kerygma）在空間和時間上的不斷傳遞，將被每一代信徒傳播、接納、認識和理解。」[20]

除此之外，聖經也正面地肯定「傳統」本身的價值（參申三十二 7；太五 17～19）。甚至可以說，現成的聖經這書寫的文本（written text），基本上都是源於口頭（或稱口述）傳統。換言之，聖經本身就是傳統的產物，事實上聖經也這樣地為自身作見證（參路一 1～4）。

4. 傳統對神學更新的重要性

我們所相信的上帝是一位介入人類歷史，甚至是道成肉身成為歷史一部分的上帝。因此，基督教根本就是一個歷史的信仰，在歷史時空中形成的教會傳統，自然亦成為基督信仰組成必不可少的部分。教會的傳統，恰好反映了我們正是如此地一脈相承，也如此地共同相信。如威廉姆斯所說：「傳統不只是一套大家共同堅持的實踐或觀念；對於信徒來說，它代表了一條紐帶，通過過去的世代來確定出信的方式。」[21] 亦正如帕利坎所說：

> 把基督教教義看作教會依據上帝的言語所信仰、訓導和認信的一切⋯⋯這樣去定義的基督教教義在歷史中的表現形式就是傳統。像「教義」這個詞一樣，「傳統」這個詞也同時指傳訊過程（the process of communication）及其內容。因此，這裏所說的傳統就是指在教會的歷史進程中基督教教義的傳承，但它也指那被傳下來的東西。[22]

透過教義，歷代教會把信仰的內容傳遞下來，構成一個在歷史中存在的信仰傳統，所以教義就是傳統的一部分。

如果傳統就是指基督教教義的傳承，在傳遞的過程中，為了配合時代的轉變和對應當前嶄新處境的需要，神學自然要作出變化和更新。然而，神學的更新其實就是將傳統的教義重新闡述或修正。因此，神學在不斷重新闡述傳統教義的過程中，傳統作為一條傳遞信仰內容的紐帶，它展示的固然除了變更性之外，也包含連續性。正如帕利坎所言：

> 但我們要論述的與其說是傳統的形式問題（formal issue），不如說是傳統的實質問題（material issue），換句話說，是要論述各種基督教教義在塑造歷史或被歷史塑造時所起的變化和連續性。我們要論述的是傳統，所以我們感興趣的不僅在變化，也在連續性；不僅在衝突，也在一致。[23]

亦如威廉姆斯所說：「因此傳統是既有連續又有變化的事物，也是在過去的基礎上不斷發展的事物，這樣的發展將導向現在對過去的修正……新的教義問題必須用教會一貫相信的東西來表達。」[24]「教會一貫相信的東西」就是教會神學的傳統，神學的更新，歸根究柢，原來只是對傳統賦予新的詮釋和表達而已。

可惜，現代教會卻愈來愈輕視「傳統」在神學更新中的重要性。威廉姆斯在其《重拾教父傳統》(*Retrieving the Tradition and Renewing Evangelicalism*)一書裏，一開頭就指出在福音派的圈子裏，愈來愈多聲音表達了對教會未來的擔憂：「即教會的未來缺少來自過去的指引……今天教會領袖中有許多人好像已經忘記了建立基督教根本身分的基礎乃是教會領受、保存並小心翼翼傳遞給每一代信徒的〔傳統〕。」[25]「傳統」是教會自我身分認同的基礎，因為惟有回歸大公教會共同信仰傳統的根源中，教會才能識別自己之所是。「傳統」亦是教會未來發展方向的指南針，因為它能夠為教會神學的未來發展提出重要的指引。可惜福音派教會卻已患上了遺忘傳統的「失憶症」，遺忘傳統，就有可能身分失落，也容易方向迷失。因此，威廉姆斯主張：「通向神學和教會更新的道路在於徹底重拾聖經和教父思想。」[26]

威廉姆斯又指出「傳統」的「防衛」功能。他如此說：「對福音派來說，忽視或不認識教會的偉大傳統就會喪失他們的根本遺產。失去傳統，基督徒就會在面對偽基督教的靈性和令人眼花繚亂的現代神學的瀰漫時漸漸失去立錐之地。」[27]於是他主張：「不論甚麼時候在教會歷史內部強調改革……信徒都不可避免地要回到古代基督教思想與實踐的『地圖』。借助那些陳舊的道路以及標識清晰的街道，他們在不穩定的世界裏重新發現了穩定性，並且為危險的神學事業找到了界限感。」[28]神學在求變和革新的過程中，委實容易迷失方向，脱離正軌，甚至有成為異端的危機，於是古代的傳統教義，便起著劃界自限的保護功能，避免神學更新時超越界限，愈走愈遠。

現代「新潮」的神學思想很強調多元開放，主張跟多元文化和不同宗教對話交流。然而，更需要的可能是跟「傳統」對話，如根頓(Colin E. Gunton)所言：「我們要嚴肅對待我們教義的過去，視之為活的聲音，要與之進行神學對話……歷史神學應該是一門神學的學科，不在於我們事先決定在其中尋找甚麼，而是因為我們所要接觸的先輩神學家，他們有些東西可以教導我們。」[29] 誠然，神學的開放改革和轉化更新，在乎是否願意聆聽他者的聲音，接受他人的教導。根頓只是提醒我們，神學對話不能缺少傳統的聲音。

始於教父時期所建立的大公教會的教義傳統的確是很重要的，其重要性在於表明現今廣義基督教的三大分支(即東正教、羅馬天主教和更正教)的教義內容，均來自同一個根源——即大公教會的信仰傳統。這個大公信仰的傳統表明了基督教會原本的整體性，無論三大分支如何各自發展和更新自己的神學，只要仍然承認大家最終都是源於同一個大公傳統，就仍然有可能互相包容、彼此溝通，實踐「聖徒相通」。

毫無疑問，教父思想是教會非常寶貴和重要的信仰傳統或遺產，因為在時間上，教父時期的神學思想是最接近耶穌基督和初期教會使徒的教導。何況基督教信仰中最重要的教義，例如三一論、基督論、救恩論和教會論等，已經在教父時期形成了重要的雛型，亦已經建立了這些思想最核心和正統的部分，日後神學思想的發展，也只是在這些教義的基礎上作出轉化和更新而已。

四 聖經與傳統之間的關係

1. 一些誤解

高舉聖經權威無疑是福音派教會的特色，這種信念基本上是受馬丁．路德（Martin Luther）所提出「唯獨聖經」這講法所影響。然而，不少福音派信徒卻對「唯獨聖經」的觀點存有誤解，以為「傳統」就是羅馬天主教所認為聖經以外的另一啟示和另一權威，在地位上跟聖經平起平坐。因此，若果承認教會傳統的權威，便會威脅聖經本身的權威性，甚至有否定聖經是上帝的獨一啟示的危機。由於以為「傳統」就是中世紀教會和羅馬天主教的產物，接受「傳統」，就等於接受天主教，亦等於跟建基於聖經的福音信仰對立，甚至恐怕因此成為異端，於是以為路德重申「唯獨聖經」，就是要棄絕教會的一切傳統（包括教義），惟「讀」聖經而已。

當然，亦有不少更正教徒認為，教會傳統（例如教義和禮儀等）只是教會受世俗文化（包括政治、哲學等）塑造及建構的文化產物。就以教義為例，聖經中根本沒有「三一」、「位格」、「本體」等觀念，所以教義或神學，只是信仰希臘化和哲學化的產物或成果，即已經加入了一些世俗文化的雜質，不再純粹是源自聖經的信仰。因此，他們誤以為「唯獨聖經」，就是惟有刪除傳統，才能恢復純正的聖經信仰。

2. 聖經與傳統

其實宗教改革家們不但沒有棄絕教會傳統，甚至沒有否定教會傳統的權威性，他們只是要求「傳統」的內容必須經得起聖經的判準，沒有人可以任意濫用「傳統」的權威，除非所引用的

「傳統」跟聖經一致，意即傳統的權威絕不能淩駕在聖經權威之上。威廉姆斯在《重拾教父傳統》一書中，正是要論證：

> 宗教改革不是聖經與傳統的對抗，而是重拾古代傳統而反對對該傳統的扭曲，或者最後演變成了傳統（Tradition）與眾傳統（traditions）的對抗。也就是說，我們從新教改革得到的認識是：每個教會的「傳統」（traditions）都低於聖經並且要接受傳統（Tradition）的審判，基督是聖經與傳統的主。[30]

普世教會各個宗派都有各自的小「傳統」（traditions），宗教改革家們所反對的，只是一些淩駕聖經權威之上的小「傳統」（尤其是中世紀羅馬教會所高舉的小「傳統」），他們從沒有反對大「傳統」（Tradition），甚至認同建基於使徒和教父信仰的大「傳統」，其實有助於教會對聖經的詮釋和理解。

甚至可以說，不借助傳統，僅有聖經，並不足以確定信仰的正統性。正如威廉姆斯以下的講法：

> 我們必須承認，聖經從來沒有成為基督徒獲取信仰信息的惟一方法。它從未如此。一個人不可能僅從聖經得出基督教信仰的主要教義，而不經過連接過去與現在的關鍵發展階段，正是那些發展階段使我們對聖經的解釋成為可理解的……為了獲得教義的正統性，一個人不能夠只從聖經解釋聖經。人們意識到源於聖經的詞彙和概念範疇，也需要聖經之外的詞彙和概念範疇。[31]

威廉姆斯所講的「連接過去與現在的關鍵發展階段」就是教會的「傳統」，按他的講法而言，傳統在解釋聖經這事情上扮演積極的功能，正如他自己聲稱：「如果離開了教會的根本傳統就無法恰當地理解聖經，即使是在反對某些教會建制的時候。」[32] 就以出現在教會歷史上「關鍵的發展階段」的「亞流主義（Arianism）的爭辯」為例，亞流派堅持耶穌只是受造者和沒有完全神性這種被認為偏離聖經的信仰，據說其實也是他們釋經的結果。面對亞流派異端的衝擊，教會便召開會議訂立〈尼西亞信經〉（Nicene Creed），借助「聖經之外的詞彙和概念」（如「與父同質」等）所建構的尼西亞神學，去指出亞流派對聖經的詮釋如何作出歪曲的理解。從此，〈尼西亞信經〉內的基督論，便成為正統教義這傳統的一部分。因此，當任何人聲稱都是解釋聖經的時候，究竟如何衡量哪個釋經的結果是合乎正統？哪個只是異端？也許就要回到大公教會的教義（信經）作為判斷的參考了，就此而言，作為教會傳統的教義，其實就是歷代教會對聖經的傳統解釋。正如威廉姆斯所說：「……離開了教會確立和使用的尼西亞正統的方式就無法忠實地理解聖經。這就是，教會對『信仰』的詮釋引導著信徒闡釋和接受聖經。」[33]

事實上，古代教會的釋經方法，其中一種釋經原則就是尊重和參考「傳統的解釋」（traditional interpretation），意思是教會對某段經文所教導的傳統解釋，就是該段經文的正確解釋或重要的參考。這種釋經原則在教父時期已經建立，例如愛任紐（Irenaeus）就是主張不能離開使徒所傳講的「信仰的法則」（the Rule of Faith）這規範來解經。逐漸地，這種根據使徒統緒（apostolic succession）的「傳統解釋」，就成為大公教會的「正統信仰」（orthodoxy）的教義。總括而言，宗教改革家所理解的

「傳統」，其實就是教會解釋聖經的傳統。這又再次說明，聖經與傳統並非互相排斥，反而是相輔相成。

註釋：

1. 柴斯特頓（G. K. Chesterton）：《回到正統》，莊柔玉譯（台北：校園書房，2009），頁 192 ～ 193。
2. 參克拉普（Rodney Clapp）：《非凡的凡民——教會在後基督教世界中的文化身份》，陳永財譯（香港：香港基督徒學生福音團契，2010），頁 126 ～ 127。
3. Jaroslav Pelikan, *Development of Christian Doctrine: Some Historical Prolegomena* (New Haven, CT: Yale University Press, 1969), 143 ～ 144.
4. 威廉姆斯（D. H. Williams）：《重拾教父傳統》，王麗譯（北京：中國社會科學，2011），頁 25。
5. Karl Barth, *The Word of God and the Word of Man* (New York, NY: Harper Torchbooks, 1957), 45。引自利文斯頓（James C. Livingston）：《現代基督教思想》，何光滬譯（成都：四川人民，1992），下卷，頁 649。
6. 侯活士（Stanley Hauerwas）：《和平的國度——基督教倫理學獻議》，紀榮智譯（香港：基道，2010），頁 91。
7. 侯活士：《和平的國度》，頁 92。
8. 參侯活士、范尼雲（Jean Vanier）：《暴力世界中的溫柔——軟弱羣體的先知見證》，陳永財譯（香港：基道，2012），頁 4。
9. 侯活士、范尼雲：《暴力世界中的溫柔》，頁 5。
10. 參侯活士、范尼雲：《暴力世界中的溫柔》，頁 3 ～ 4。
11. Jürgen Moltmann, *Theology of Hope: On the Ground and the Implications of a Christian Eschatology* (London: SCM Press, 1967), 84.
12. 孟子曰：「仁義忠信，樂善不倦，此天爵也；公卿大夫，此人爵也。」（《告子篇》）
13. 柴斯特頓：《回到正統》，頁 52。
14. 帕利坎（Jaroslav Pelikan）：《基督教傳統——大公傳統的形成》，翁紹軍譯（香港：道風，2002），頁 48。
15. 梅頓（Thomas Merton）：《無人是孤島》（*No Man Is an Island*），引自尚儂（William H. Shannon）：《認識靈修大師梅頓》，譚偉光譯（香港：基督教

文藝，2012），頁 204。
16. 柴斯特頓：《回到正統》，頁 108～109。
17. 威廉姆斯：《重拾教父傳統》，頁 23。
18. 威廉姆斯：《重拾教父傳統》，頁 22。
19. 經文中「所受的教訓」，也可譯為「所受的遺傳」。
20. 威廉姆斯：《重拾教父傳統》，頁 164。
21. 威廉姆斯：《重拾教父傳統》，頁 164。
22. 帕利坎：《基督教傳統》，頁 45～46。
23. 帕利坎：《基督教傳統》，頁 45～46。
24. 威廉姆斯：《重拾教父傳統》，頁 25。
25. 威廉姆斯：《重拾教父傳統》，頁 1。
26. 威廉姆斯：《重拾教父傳統》，頁 147。
27. 威廉姆斯：《重拾教父傳統》，頁 173。
28. 威廉姆斯：《重拾教父傳統》，頁 174。
29. Colin E. Gunton, "Historical and Systematic Theology," in *The Cambridge Companion to Christian Doctrine*, ed. Colin E. Gunton (Cambridge: Cambridge University Press, 1997), 5～6.
30. 威廉姆斯：《重拾教父傳統》，頁 138～139。
31. 威廉姆斯：《重拾教父傳統》，頁 17～18。
32. 威廉姆斯：《重拾教父傳統》，頁 138。
33. 威廉姆斯：《重拾教父傳統》，頁 186。

2

從宗教神學探討傳統與更新的「不斷斷」張力[1]

蘇遠泰

一 導言

讓我先向大家介紹一位二十世紀出色的宗教哲學家及基督新教神學家，從他的生平故事引出本文要討論的問題。此君是英國人，受洗於英國國教會（Church of England），在大學求學期間（修讀法律），接受了福音派的信仰，[2] 過著一般福音派信徒的信仰生活模式，包括恆常聚會、祈禱小組和查經小組。世界大戰後返回愛丁堡大學完成哲學課程，哲學的訓練令他開始思考一些「棘手」的信仰問題，例如：我們可以因為進化論不符合創世記所説的就拒絕接受嗎？聖經內豈非出現不協調的經文嗎？一位慈愛的上帝，怎麼會使大部分的人受地獄永火之苦呢？

從他的自述中，得知他在年輕讀神學時甚少接觸其他宗教，並接受傳統基督宗教的拯救觀，認為基督宗教可以完全替代其他宗教所擁有的僅有好處。雖然他接受聖經所説，上帝「不願有一人沉淪，乃願人人都悔改」（彼後三9），但又同時確信未有接受基督的其他宗教教徒，是謝絕於救恩之門。當他後來在英國的工業城伯明罕市生活時，因當地是不少外來移民居住的地方，他能接觸不少其他宗教傳統的羣體，包括穆斯林、錫克教徒、印度教徒、猶太教徒和佛教徒，再加上他參與了不少社區關係組織，令他對其他宗教改觀，並以為不同宗教均有其優良的屬靈傳統和道德誡律。而更重要的是，一個人的信仰並非由他自由抉擇，而是由他們的出生地所決定；即是說，一個生於沙地阿拉伯的人自然成為穆斯林，一個生於印度的人最大可能是印度教徒，一個生於英國的人很自然地成了聖公會信徒。

假若只有基督宗教才能引導人獲得上帝的拯救，豈非全世界大部分的人都要滅亡嗎？那末，上帝怎能說是既慈愛又公義的呢？最後，他從基要/福音的信仰中脫離出來，離開傳統，進而尋找一種現代人均可以接受的福音，亦是他認為更接近聖經所說的福音。其中，具爭議的立場包括，耶穌即或有美好的品德和人格，仍不過是一名凡人，是初期教會的信徒把「耶穌是上帝的兒子」的隱喻性語言變成實體性語言，把他「神化」，從此，耶穌就變成了上帝，亦變成了人能通往上帝之處的惟一路徑。

他的信仰從而轉向一個很大的「更新」（他喜歡稱為「神學/拯救論上的哥白尼式革命」），由基督宗教排斥其他宗教的態度，轉向一切大型傳統宗教均可以帶領世人來到上帝的面前，並叫世人向上帝開放自己的心靈和思想；簡單來說，即他由「排他論」（exclusivism）投向「多元論」（pluralism）。從此，此君成為「多元論」的首要倡導者，當我們談及「多元論」時，幾乎不可能不討論他的理論。此君是誰？他就是英國學者約翰．希克（John Hick），卒於二〇一二年二月九日。[3]

傳統基督宗教主張「教會以外無拯救」，不被教會接納的人便沒有獲得救恩的可能。但當基督徒親身接觸那些從未認識/接受教會權威的人，卻發現非基督徒同樣擁有深度的靈性操練（例如佛教的禪師）、和平友善的倫理守則（例如東方宗教對生態保育的重視）、系統深奧的理論教義（例如中國佛教華嚴宗的圓融無礙、相即相入）、對宗教經典的重視（例如伊斯蘭教對可蘭經的絕對尊重），使不少基督徒再思傳統排他論的得失，並嘗試更新傳統對其他宗教的立場和態度，為的就是使基督宗教的拯救論，更符合現代人的價值觀和親身經驗。

教會的「傳統」是歷代信徒的智慧沉澱，假若沒有道理，經不起理性和經驗的考驗，豈可以在教會內流傳並使用多時呢？但傳統又不可以是死的傳統，傳統是需要在面對時代、文化、處境的挑戰時作出創造性的「更新」，故此，「更新」是必須的。但又是否一切的「更新」都是正確和美好呢？更新是對傳統的破壞抑或是創造性的轉化？往後部分，我們將會先探討傳統排他論的理據，然後審視希克所提出的多元論的更新，從中思考傳統與更新間的「不斷斷」的張力。[4]

二 傳統的觀點：排他論

1. 歷史回顧

早期教會已發展出一個基督宗教重要的神學思想：「教會以外無拯救」，意思是任何人只要不屬於教會，他/她就不可能獲得上帝的救恩。如此的說法，可能在早期的教會裏是為了對付異端和叛教者，好叫他們順服於教會的權威。例如，早期的拉丁教父居普良（Cyprian）曾說：「凡不在教會裏的人，不能作殉道士；凡離棄那將在神國統治的教會的，不能進入那國」。[5] 不過，必須再次強調，早期教會所針對的對象是基督宗教內的異端和叛教者，目的是想在神學和組織上保持合一，而不是討論非基督宗教的地位。

在宗教改革的初期，改教者（包括馬丁．路德〔Martin Luther〕和加爾文〔John Calvin〕）雖然反對教皇及羅馬教廷對世人得救的壟斷，並提倡人「惟靠恩典只藉著信心」[6] 就能獲得上帝的接納，但他們並沒有否定「教會以外無拯救」的主張。只是他們認為當時的大公教會因離棄了真道，故此已喪失了成為真正教會的資格；而真正的教會是由一羣信仰耶穌基督，既宣講聖道又施行聖禮的人所組成的。[7] 雖然主流的改教者均抱持排他論的立場，但亦有例外，例如改革宗的先驅者慈運理（Huldrych Zwingli）就主張聖靈在非基督徒身上有啟示的工作，沒有排斥非基督徒有上帝降恩的可能。

羅馬天主教為了回應宗教改革而在一五四五年召開的天特會議（Council of Trent），再一次把教皇和教會的權威奉為至高無上，並持守「教會以外無拯救」的主張，例如在〈天特會議的信約〉（"the Profession of Faith of the Council of Trent"）表示，凡不接納天特會議的大公信約者，均不能得到救恩。[8] 而在一八六九至一八七〇年召開的梵蒂岡第一次大公會議（First Vatican Council），就是為對抗十九世紀的現代主義、理性主義、世俗主義而召開，教會不單反對所有其他宗教，連挑戰傳統教會教義的思潮或主義也被定性為「錯誤的」，而教會再一次被確認為是成就拯救事上的必須羣體。不過，值得注意的是，在第七章論到教會以外無拯救時，梵蒂岡第一次大公會議對福音無知者採取寬容的態度，認為這些不認識福音的人，不會因為其無知而受到責備。[9]

另一方面，從十七、十八世紀在歐洲的清教徒運動、敬虔運動、約翰·衛斯理（John Wesley）的循道宗和在北美的大覺醒運動（Awakening），到十九世紀在美國的奮興主義（Revivalism），再加上普世宣教運動的推動所孕育出來的基督新教的基要派／福音派，其宣教士及教會牧者同樣抱持排他論的立場。正如馬提（Martin E. Marty）所說，基要派和福音派的信徒往往因為不同意教會某某的主張或行動，而採取分離的態度和分裂的行動，從原生教會分別出來。[10] 所以，他們「更新」教會傳統，刻意跟天主教有所分別，他們中間有不少人已不大提及「教會以外無拯救」這古老傳統，而更新為「基督以外無拯救」。

其中，具深遠影響力的荷蘭宣教士克來蒙（Hendrik Kraemer, 1888～1965），其思想深深影響巴特（Karl Barth）及卜仁納（Emil Brunner），他們反對一九二八年召開的耶路撒冷宣教大會，因是次大會主張一種對其他宗教寬容和肯定的態度。克來蒙認為，基督跟其他宗教的關係是斷絕和審判，怎會是基督成全及欣賞它們，而社會服務和彼此豐富等等的行動，永遠無法代替教會需要傳福音的使命。[11]

2. 排他論的主張

排他論所主張的就是：除了基督宗教外，沒有任何宗教可以提供拯救，並能使上帝赦免世人的罪，接納世人，與世人和好；一切得救的要素，只藏於基督宗教之內——此理論認為基督宗教獨攬了「福音」的擁有權，其他宗教所說的道理不過是誤導世人的「禍音」。大多支持排他論的人均強調特殊啟示（special revelation）的重要性，並認為普遍啟示（general revelation）在拯救上的不足。普遍啟示就像律法般，只能叫人知罪，不過是小學而已，至多只引導世人發問有關拯救之事，卻未能提供任何解決的答案。[12] 要解決世人都犯了罪的問題，就只有依靠上帝特別為世人所啟示的耶穌基督，而此啟示在今天已明載在聖經之內。

此主張有一個重點，就是人得救惟依賴對上帝的信靠，具體的表現就是「相信耶穌」，要口裏承認和心裏相信耶穌是主和救主（羅十 9～10）。言下之意是，得救的人要對耶穌有一定程度的知識/認識，即或不是完全的知識；未曾聽聞耶穌之名的人，就沒可能因信祂的名而得救（羅十 14）。「耶穌是惟一的救主」，是惟一的「道路、真理、生命」，若不藉著耶穌，沒有人能到上帝那裏去（約十四 6）。信義宗神學家布拉騰（Carl Braaten）說：

> 在《新約》和早期基督（宗）教諸傳統的文本中，耶穌不是被描繪為一個救主，而是惟一救主，不是一個上帝之子，萬神殿裏眾多神子之一，而是世界惟一的救主，上帝的獨生子。這一排他性宣稱是福音的核心部分，不是可以被神話化的純粹無用之物〔即只能解釋為神話〕……耶穌是惟一的救主，或者他根本就不是救主。[13]

從其他宗教的內容看，可知它們均試圖成就一種「自我拯救」，沒有把上帝視為上帝，說到底屬於偶像崇拜；它們所信奉的所謂「救主」，當然不是救主，亦與「耶穌是惟一的救主」相矛盾。[14] 耶穌基督在拯救上的獨特性，成了排他論的福音觀的一項決定性要素。

3. 排他論的理據

傳統福音派教會均接受排他論的主張，他們往往訴諸於聖經這特殊啟示的權威，認為在思考非基督宗教的位置時，聖經是必須及惟一值得參考和求證的；即或有其他理據支持排他論，但他們主要還是訴諸於聖經的啟示。[15] 故此，讓我們在此稍微考察他們的聖經理據，約可分為四類型的經文。

第一類型的經文強調人的罪，因此需要上帝的拯救，例如：

1. 羅馬書一章 20 節和二章 15 節分別指出世人離棄普遍啟示和良心的提醒；
2. 羅馬書二章 23 節和三章 9 節分別指出猶太人和世人均離棄上帝的光照，活在罪惡之下。

第二類型的經文是肯定耶穌在拯救上的獨特性，例如：

1. 使徒行傳四章 12 節：「除祂以外，別無拯救；因為在天下人間，沒有賜下別的名，我們可以靠著得救。」
2. 約翰福音十四章 6 節：「我就是道路、真理、生命；若不藉著我，沒有人能到父那裏去。」
3. 提摩太前書二章 5 節：「因為只有一位上帝，在上帝和人中間，只有一位中保，乃是降世為人的基督耶穌。」

第三類型的經文主要圍繞上帝會報應那些不認識上帝和不聽從福音的人，刑罰是永遠的沉淪，而得救的路是窄小的，代表只有少數人可以得救 —— 這亦回答了為何他們相信所有非基督徒均會滅亡的原因。

1. 馬太福音七章 13 至 14 節：「你們要進窄門。因為引到滅亡，那門是寬的，路是大的，進去的人也多；引到永生，那門是窄的，路是小的，找著的人也少。」
2. 帖撒羅尼迦後書一章 8 至 9 節：「要報應那不認識上帝和那不聽從我主耶穌福音的人。他們要受刑罰，就是永遠沉淪，離開主的面和他權能的榮光。」

正如納許（Ronald H. Nash）所言，凡真心相信上述經文的人，就不可能否認耶穌在上帝的拯救計劃的獨特性和獨一性，是沒有任何人或事可以替代的。[16]

最後一類型的經文指出聽聞福音的重要性，人需要先聽聞福音，對耶穌有所認識，然後有意識地悔改及相信，才可以免去刑罰，獲得救恩。

1. 馬可福音一章 15 節：「日期滿了，上帝的國近了。你們當悔改，信福音！」
2. 約翰福音三章 36 節：「信子的人有永生；不信子的人得不著永生，上帝的震怒常在他身上。」
3. 羅馬書十章 9 至 10 節：「你若口裏認耶穌為主，心裏信上帝叫他從死裏復活，就必得救。因為人心裏相信，就可以稱義；口裏承認，就可以得救。」

其實，排他論者所說的「經文支持」必須同時連同他們所說的釋經原則、神學取向，才可以說是穩妥的。筆者還要多加一句，就是排他論必然再加上對聖經經文刻意的「選取與遺忘」（selection and omission）才可以說能達成他們想得出的結果，因除了他們刻意選取和強化某些經文外（例如上面引述的經文），他們亦同時遺忘了那些反對排他論的經文呢！[17]

三 更新的觀點：希克的多元論

1. 神學上的哥白尼式革命

早在一九七一年，希克已明確地提出，當基督宗教仍然強調和堅持耶穌基督在拯救上的獨特性，並以此成為基督宗教的「本質」（essence）時，排他論的保守傳統立場就是理所當然的了。雖然，這亦是希克從前的立場，他在年青時同樣認為「這是基督徒的核心立場，即拯救只可以藉著基督，因此，凡沒有回應上帝藉著基督所作的人，不單不被拯救，還要受到責備並迷失。」[18] 後來當他開始思考那些未曾聽聞福音者的下場時，他確定滅亡的人佔大多數，這使他感到難以接受，因他所相信的上帝是一個「普及慈愛的上帝」（God of universal love），祂既然創造全人類，怎會只愛一些人（指基督徒），卻叫另外大部分人（指非基督徒）滅亡呢！因而，這引發他重新思考福音內一個重要但經常被忽略的問題：「我們可否接受這樣的結論：一位欲拯救所有人的慈愛上帝，最終竟然命定世人必須藉著一條只有很少數的人才可以得救的道路？」[19]

希克指出，為了回答上述的問題，基督宗教神學家提出不少補充理論，嘗試在「教會以外無拯救」的大原則下，進行修修補補的理論工作。例如在梵蒂岡第二次大公會議（Second Vatican Council）上，雖然肯定其他宗教的功用是為福音作預備，但仍然需要在將來對基督有所認識，才算是圓滿的拯救。而拉納（Karl Rahner）的「匿名基督徒」（anonymous Christian）

理論，雖然把其他宗教的信徒納入基督徒的圈子內（他們其實是在上帝的恩典內），但希克仍批評這是過於「基督宗教」，把其他宗教的信徒粗暴地變成基督徒，連他們自己也不知道。[20] 希克以中世紀的天文學爭論為比喻，當時的人接受由托勒密（Ptolemy）提出的「地心説」（geocentric），即地球是宇宙的中心，太陽月亮及其他星體均以此作圓形／橢圓形的運動。可是，後來因愈來愈多天文現象未能按地心説來解釋，科學家就發明了不少修修補補的理論，雖然表面上好像解答了困難，可是反而更加泥足深陷，愈走愈錯。直至哥白尼（Nicolaus Copernicus）提出「地動説」/「日心説」（Heliocentric）的天文學科學革命，以太陽為中心，地球環繞太陽轉動，人類才認識了天文學上的真實。

希克所批評的，就是基督宗教由始至終都是擁抱傳統的「托勒密式神學」，就是以基督或教會為中心，過度強調基督和教會在拯救上的功用，遇到難題時仍不肯改過，只以修修補補的理論穿鑿附會；希克主張在福音的事上來一個「哥白尼式神學革命」，以上帝為中心（God-centre；即不再以教會或基督為中心），從而徹底克服傳統福音教義的困難。[21] 雖然希克成長於傳統的福音派教會，但他已感到無法不對之前所信仰的內容進行一場更新的革命；正因他是成長於福音派教會，才叫他對信仰認真地思考，敢於面對信仰上的困難。[22] 他進行了兩方面的工作：一、把基督的重要性／核心性地位削弱；二、提出他的宗教多元論假設。

2. 回歸最初的傳統：隱喻性的基督論

希克認為怎樣看「耶穌是誰」是關鍵性的。希克主要否定的是「道成肉身」的神學，即一種傳統教會接受按字義或形而上的方法解釋的道成肉身，認為作為上帝的道因為拯救世人的緣故，降世為人，成為真神真人的耶穌基督。希克以為，初期教會對耶穌的記述原先是象徵性和隱喻性的，主要描繪的並非客觀的歷史，而是作者的主觀經驗和感受，把所有這些詞和形象（包括彌賽亞、救主、上帝的聖言、人子、好牧羊人、上帝之子）都用在耶穌身上。聖經作者之所以如此記述，並不是因為他們曾經作過甚麼有關耶穌的研究，然後理性地得出一個關於耶穌是誰的看法。他們不過是把自己的主觀經驗（例如耶穌是上帝）通過道成肉身的神學說出來。故此，希克認為他們其實是在談論有關心靈的問題，而非頭腦的推斷。所以，他們是以詩性的語言論說基督，而不是哲學或者科學的語言。[23] 只是後來的教義發展卻把象徵性和隱喻性的論述變成實體性和形而上的道成肉身神學，強調了「道的基督論」（Logos Christology）。

希克認為道成肉身的神學有兩個問題：一、耶穌從未宣稱自己是上帝：今天只有基要派/福音派信徒才持守，主流的聖經學者已不接受那些宣稱「耶穌是上帝」的經文是出於耶穌自己。例如約翰福音十章30節和十四章6及9節，希克就拒絕接受是出於耶穌的口，並主張是出於某些基督徒作者在教會發展時的表達。[24] 二、神人兩性基督論：希克指出在傳統基督宗教的神學裏，上帝是永恆、非被造、全能、全知、遍在，但人卻是短暫、被造、限能、限知、限在，怎可以把此兩組彼此矛盾的屬性同時歸屬於一位歷史人物耶穌的身上呢？[25] 故此，聖經對耶穌的描述不過是一種隱喻，當教會說「道成肉身」時，並不表示耶穌「與父同質」，而是表達耶穌擁有一種能力，尤其指祂在世能活出上帝想世人活出的模樣，具體實踐了上帝臨在於世間——即一種好像上帝親臨人間（通過耶穌行為的表達）的表現。故此，耶穌其實是「一個特別朝上帝的臨在開放並作出回應的人」。[26] 希克所主張的基督論，按傳統的說法，可說是現代版的「嗣子論」(Adoptionism)，屬於異端之流，希克當然知道，但看來他亦不介意。

3. 提出現代的更新：宗教多元論假設

希克欲以現代人可以接受的方法來建構他的宗教多元論理論，因此，希克十分強調他所提出的宗教多元論假設是建基在歸納法之上，從實際的經驗和觀察中，再加上哲學和理性的思考而獲得。因此，除了極少數的聖經經文外(彼後三9)，他的理論絕少從聖經「啟示」而來。

究竟希克觀察到甚麼呢？他至少發現四點：一、世界上存在著眾多的宗教，基督宗教只是其中之一。二、一個人接受哪一個宗教，許多時並非基於個人選擇，而是基於所生活的地點和文化，例如一個出生在印度的人自然成為印度教徒，出生在英國的就是基督徒了。[27] 三、所有歷史上偉大的宗教均教導人向善，沒有一個宗教的道德能力比別個宗教強，[28] 亦沒有一個宗教可以自誇比別個宗教強。[29] 不難發現，一切宗教(包括基督宗教)可以同時具有美好和邪惡的成分，因此，基督宗教從整體上說並沒有比別人強，當然亦沒有比別人弱。四、各個偉大的宗教均擁有相似的宗教/屬靈經驗，而它們均堅持自身的經驗是真實的，它們均表達其信仰背後存在一終極的「真實」(Real)。[30]

希克從上述四點，提出他的宗教多元論假設：即世界各大宗教體系均經歷和認識了同一個真實，對真實有不同的知覺與觀念，亦對真實作出不同的回應，而各自以最熟識的文字和概念來表述那份相似的經驗。而整個假設是建基在「批判實在論」

(critical realism)的前設上，希克仍然相信各宗教內所崇拜的對象並非人主觀的虛構，而是獨立於人意識以外的真實。即相信各大宗教背後均崇拜同一真實，但不同文化/民族的人以不同的方式稱呼之，例如上帝、神、絕對者、基督、道、法身、聖靈等。[31]

希克借用了康德(Immanual Kant)的認識論，把認識對象分為物自身(Nomenon)和現象(Phenomenon)兩個層次，世人只能理解真實所呈現的現象，而不可以達到真實的物自身。因此，一切對真實的描寫都是世人按自身的文化、語言、思想來形容。正因為各民族從自身的文化出發來講論真實，才出現不同宗教對同一真實的不同描寫；其實真實是一，只是各自的表述是多。例如基督宗教以位格的上帝，佛教以非位格的涅槃來代表真實。[32] 另外，希克強調不同宗教均叫人生命提升，由一種「以自我為中心的生活發展為以真實為中心」，反映在靈性、道德、政治上均有良好的轉變。當然，希克發現不同宗教對拯救有不同的描述，例如基督宗教以救贖(redemption)的概念來描寫，佛教以解脫(liberation)或得悟(enlightenment)來形容，但不同的描述只是不同宗教以不同的概念來指向同一真實所給予的拯救，正如他說：

> 這些都是十分不同的經驗，都是由十分不同的概念組成，並構成不同宗教的完整性。可是，它們不過是人類由自我中心轉化為以終極真實為中心的同一基礎的所有表達形式而已。當終極真實在不同的人類生活裏被思考和經驗時，就構成了世上各大宗教的文化。當我們嘗試以一種全球的尺度來思想的話，我習慣以「救贖/解脫」這個複合詞來形容。[33]

希克主張的哥白尼式神學革命，就是不再以基督/教會為中心，而是基督宗教與其他宗教平等地環繞上帝而旋轉，上帝才是眾多宗教的中心點。只是其他宗教不以「上帝」稱呼，而以其他名字稱呼——希克則統稱為真實。簡單來説，希克認為「條條大路通羅馬」，並且殊途同歸，歷史上不同的偉大宗教同樣有自己的「福音」，均可以把人引導至真實那裏，由自我中心轉向以真實為中心。[34] 故此，宣教是不合時宜的，反而，應以對話取代之。希克批評福音派的信徒參與宗教對話是不純正的，因他們往往以傳道佈教為目的，而不是真心打算向別人學習。[35]

四 討論：守傳統？要更新？

本文不是要探討多元論的不足之處，已有不少的論文批評希克理論的霸道、文化侵略、破壞基督信仰等等；[36] 本文的目的是借助上述「宗教神學」(Theology of Religions) 的討論為個案，思考傳統與更新的關係。

不論我們如何不滿意希克的多元論，情緒上如何反感，理性上有甚麼批判，但我們無法否認希克給傳統排他論所帶來的挑戰：在現今的世代，不少基督徒每天均可以認識其他宗教的信徒，接觸其他宗教的文化，甚至有些更欣賞其他宗教的屬靈深度，基督徒自然會問，假若只有曾經聽聞並相信耶穌之名的人才可以得救，豈非表示這些敬虔的異教徒要被上帝棄絕嗎？若果上帝是愛，祂的愛會受到時間和地域的限制嗎？以前的人沒有機會聽聞福音，福音未到之處的人也不認識耶穌，他們就因此而必然要在地獄受永恆的火刑嗎？以前世代的西方基督徒，絕少有機會接觸其他宗教或文化的人，甚至不知道有道教、印度教、佛教的存在，所強調的教會以外無拯救主張已足以解決當時的人如何得救的問題，再加上教廷權威的確立、聖禮神學的建立，排他論確實已滿足當時的教會和信徒的要求。但活在今天資訊爆炸、人的流動性大的世代，信徒的親身經驗教他們或多或少質疑排他論是否符合上帝慈愛的屬性。如此，希克的多元論便是對傳統排他論的其中一種更新。

按希克的所想所望，各宗教背後均相信同一的真實，只是真實在不同的文化場景中以不同的名字出現，又按不同的禮儀來膜拜，又有不同的組織架構和神學思維。看起來好像是多元，其實所信仰的是同一。對基督徒來說，慈愛的上帝（基督宗教對真實的描述）除了深愛和拯救相信耶穌之名的人外，原來祂從亙古至今還深愛其他民族的人，以不同的面相在不同的文化出現，以他們習慣和可以接受的方式為他們提供拯救之途。因此，不單「上帝是慈愛的」這教義可以跟現今信徒的親身經驗吻合，還可以因而推動宗教間的對話，從而符合現今世代所認同的核心價值：和平、友愛、人權、環保、建設……更新後的多元論，看來較傳統的排他論更符合現代基督宗教的場景。

筆者認同當世界在不停發展和變動之時，死守傳統確是無法令基督信仰適切世人的需求；沒有更新，傳統就是死的傳統，最終慢慢被唾棄，走向衰落，甚至滅亡。所以更新是必須的。但因為要更新，傳統就因此需要被徹底否定嗎？當傳統面對世代的變遷時，就只有變成是迂腐、落伍、守舊、阻攔的份兒嗎？希克的更新其實充滿了「霸氣」，因他認為他最認識世界各個宗教。基督宗教所相信的上帝，不單單是基督徒所以為是的，上帝其實是佛陀呢！只是名字不同吧了！佛教徒對佛陀的認識也不完全，佛陀是佛教徒所稱呼的名字，他在伊斯蘭教叫真主呢！如此，豈非表示對基督徒來說，耶穌基督跟阿彌陀佛只是名字的不同，我們既可向耶穌祈禱，但口唸阿彌陀佛亦無不可嗎？如此，基督宗教的信仰內容豈非被掏空，可以隨意更換，祈禱亦可，唸佛無不可，燒香拜神亦不過是尊敬上帝的另類表現吧了，構成對基督宗教的「身分」(identity)危機。多元論的更新雖然處理了傳統排他論的一些十分重要的問題，可是，它同時產生對整體基督宗教的存亡一些十分嚴重的挑戰——更新解決了舊傳統內的問題，可是引發出新的問題，可能是更嚴重的問題！

排他論自始至終均強調耶穌基督在拯救之事上的重要性和獨特性，這是十分符合歷代以至今天信徒的經驗。「基督中心」反映耶穌基督在基督徒信仰上的超然地位，他如何拯救我們，與我們同在，施恩典給我們，接納我們的軟弱，為我們祈求，以愛吸引我們，雖然是傳統信仰所強調的，難道不也是歷代以至今天認真信靠他的基督徒所共同經驗和持守的嗎？希克以近代歷史耶穌的討論把「基督中心」的內容降級及掏空，不單是改變了傳統，恐怕連整個基督信仰的根基也破壞了。

正如德國諺語曾說：「不要把嬰孩連同洗澡水一起扔掉。」(Don't throw out the baby with the bath water.)傳統之所以在教會內流行多時，必然有其存在的價值和意義。若果因為不滿意傳統內一些缺憾，卻非理性地「逢傳統必反」，對傳統大肆鞭撻，而未能同時發現及欣賞傳統內的真善美，就是有點矯枉過正了。在傳統與更新的互動中，容易出現過猶不及，或將所有東西留下來(不及)，或將所有東西都扔掉(過)，其實兩者都是不合宜的。進行更新時，傳統不單不應扔掉，傳統應該成為參考和尊重的對象，我們不應草率地跟傳統了斷(不斷)；但我們亦不能只擁抱傳統，以為所有傳統都是千古不變的真理，我們應與傳統內不切實際的東西保持距離（斷）。

排他傳統有不足之處，多元更新產生新的問題，在處理其他宗教信徒的得救問題上，如何批判地接納傳統，又提出既符合傳統又符合現今世界的更新，絕不容易，但卻屬必須。在傳統和更新之間的「不斷斷」張力下，我們雖然進展緩慢，但相信是值得的延緩。[37]

註釋：

1. 筆者以此文，紀念剛於二〇一二年初離世的英國宗教多元論學者約翰．希克（John H. Hick, 1922～2012）。雖然筆者不大同意他的理論，但對他引發基督徒思考應如何改變對其他宗教的態度表達敬意。
2. 包括聖經是逐字逐句的全然默示；上帝的創造、人類的墮落；上帝之子耶穌道成肉身，由童女所生，並意識自己的神性，在地上行神蹟；世人藉著耶穌的血可以得贖；耶穌肉身復活，升天，將來必然再臨；天堂和地獄的存在。
3. 有關希克的自述，可參 John Hick, "A Pluralist View," in John Hick, Clark H. Pinnock, Alister E. McGrath, R. Douglas Geivett and W. Gary Phillips, *Four Views on Salvation in a Pluralistic World*, eds. Dennis L. Okholm and Timothy R. Phillips (Grand Rapids, MI: Zondervan, 1995), 29 ～ 51; John Hick, *God Has Many Names* (Philadelphia, PA: The Westminster Press, 1982), 13～28。
4. 「不斷斷」是牟宗三先生所提出的概念，可參牟宗三：《佛性與般若》（台北：學生書局，1997 修訂版），下冊，頁 598～619。
5. 引自居普良：〈論教會合一〉，收於章文新編、謝秉德等譯：《尼西亞前期教父選集》（香港：基督教文藝，1962 年初版，1990 年再版），頁 301。
6. "By grace alone, received through faith alone"，此語出自神學家田立克（Paul Tillich，或譯蒂利希），參 Paul Tillich, *A History of Christian Thought: From Its Judaic and Hellenistic Origins to Existentialism*, ed. Carl E. Braaten (New York, NY: Simon & Schuster, 1967), 236。
7. 詳參拙文：〈反分離的分離者：加爾文論教會〉，《建道學刊》第 22 期，

2004 年 7 月，頁 159～184。

8. 參網址：http://www.ewtn.com/library/councils/v1.htm#3；瀏覽於 2012 年 9 月 12 日。
9. Francis A. Sullivan, S.J., *Salvation Outside the Church? Tracing the History of the Catholic Response* (New York, NY: Paulist Press, 1992), 120～121.
10. 引自 Alister McGrath, *Evangelicalism and the Future of Christianity* (London: Hodder & Stoughton, 1994), 20～21。
11. Gavin D' Costa, *Theology and Religious Pluralism: The Challenge of Other Religions* (New York, NY: Basil Blackwell, 1986), 8～9.
12. John Sanders, *No Other Names: An Investigation into the Destiny of the Unevangelized* (Eugene, OR: Wipf and Stock, 2001), 45～46.
13. 引自保羅．尼特（Paul Knitter）：《宗教對話模式》，王志成譯（北京：中國人民大學，2004），頁 47。
14. 尼特：《宗教對話模式》，頁 48。
15. Ronald H. Nash, *Is Jesus the Only Savior?* (Grand Rapids, MI: Zondervan Publishing House, 1994), 12～16.
16. Nash, *Is Jesus the only Savior?*, 16～177.
17. 要知道多一點反對排他論的經文及詮釋，可參 Clark H. Pinnock, *A Wideness in God's Mercy: The Finality of Jesus Christ in a World of Religions* (Grand Rapids, MI: Zondervan Publishing House, 1992), 149～180。
18. John Hick, *God and the Universe of Faiths* (Oxford: Oneworld, 1971), 121.
19. Hick, *God and the Universe of Faiths*, 122.
20. Hick, *God and the Universe of Faiths*, 124～127.
21. Hick, *God and the Universe of Faiths,* 120～132.
22. 正如他說：「但我相信，生於或者『重生』於保守—福音派的思想世界的人，以及具有一個探究性心靈的人，會發現他必須面對針對信念體系（他最初在其中進入基督教信仰）的種種挑戰，並且他的理性或者道德思考幾乎肯定會引導他修正或者放棄他的信念體系中的許多要素。」Hick, *God Has Many Names*, 16。譯文取自：約翰．希克（John Hick）：《多名的上帝》，王志成譯（北京：中國人民大學，2005），頁 8。
23. John Hick, " Jesus and the World Religions, " in *The Myth of God Incarnate*, ed. John Hick (London: SCM, 1977), 174.
24. Hick, " A Pluralist View, " 53.
25. Hick, " A Pluralist View, " 57～59.
26. 約翰．希克：《上帝道成肉身的隱喻》，王志成、思竹譯（南京：江蘇人民，2000），頁 119～124。

27. Hick, *God and the Universe of Faiths*, 100.
28. John Hick, *An Interpretation of Religion: Human Responses to the Transcendent* (New Haven, CT: Yale University Press, 1989), 233 ~ 240, 316 ~ 340.
29. John Hick, "Conclusion," in Hick et al., *Four Views on Salvation in a Pluralistic World*, 87 ~ 88.
30. Hick, "A Pluralist View," 38 ~ 39。早期的希克以「永恆的一」(the Eternal One)來指涉後期所說的真實，參 Hick, *God Has Many Names*, 42。
31. Hick, *An Interpretation of Religion*, 172 ~ 175.
32. Hick, *An Interpretation of Religion*, 240 ~ 246。另參 Hick, "A Pluralist View," 47 ~ 51。
33. Hick, "A Pluralist View," 44.
34. 希克所討論的主要指歷史裏的偉大宗教體系，而不是指一切的宗教。例如邪教因未能叫人「以自我為中心的生活」發展為「以真實為中心」，反映所信仰的對象並非真實，所以所宣講的亦不是「福音」。參 Hick, *God Has Many Names*, 56 ~ 57。
35. Hick, *God Has Many Names*, 116 ~ 124.
36. 簡單的討論，可參 Alister E. McGrath, *A Passion for Truth: The Intellectual Coherence of Evangelicalism* (Leicester: Apollos, 1996), 201 ~ 240。.
37. 在宗教神學的討論裏，除了排他論和多元論外，還有包容論(inclusivism)的選擇，一個筆者認為較為接近「不斷斷」和可取的選擇。篇幅和主題的緣故，未能在此介紹，可參尼特：《宗教對話模式》，頁 81 ~ 137。

3

芬蘭的新路德神學

鄧瑞強

馬丁·路德（Martin Luther, 1483 ～ 1546）引發了宗教改革，自始他的神學深深地影響著基督新教（按一般習慣，以下稱「基督新教」為「基督教」，以別於「天主教」及「正教」〔Orthodox Church〕等基督宗教的不同傳統）。諸如「因信稱義」、「唯獨恩典」、「我們被宣判為義人」等觀念，無不與路德有關。這些神學觀念，猶如基石，支撐起基督教的整座神學大廈。這些基石的少許改變，哪怕是觀念上的某種改動，都可能引發整座大廈的變動。

基督教的不同學術大廈，近來都出現基石的微妙改變。關於歷史耶穌的研究，學術界曾經認為，愈是撇除耶穌的「猶太性」，愈能明白耶穌那種異於「猶太教」的獨特性。這種看法使「基督教」與「猶太教」涇渭分明，使耶穌看來不再是猶太人，而是某個現代白種男人。近來，有所謂歷史耶穌的第三波探索，重新以耶穌的猶太人身分去了解耶穌。這是「耶穌研究」的基石的改變，這改變足以重新塑造耶穌的形象，也改變基督教與猶太教的關係。關於保羅神學的研究，也出現類似的改變。近來的「保羅新觀」，重新以猶太教的背景去解讀保羅。看來，保羅指向舊約的「約」與「律法」，多於指向「個人理智認信」式的「因信稱義」。這是保羅研究的基石的改變，這改變足以影響我們的信仰取態。

關於路德神學的研究，一直以來，都由德國神學界主導。在這裏，路德的神學與天主教的看法，看來格格不入。路德的神學形象，像是一位經過啟蒙運動後的倫理神學家，多於是中世紀晚期的一位修士。近來，芬蘭的赫爾辛基大學（University of Helsinki）興起了一場路德神學的新探索，重新重視路德的中世紀晚期的修士身分。這位修士的神學，源自天主教，也與天主教神學保持對話的可能。這是路德神學的基石的改變，這改變可能重塑基督教與天主教的關係。

本文的內容，只是簡單介紹一下「新路德神學」的一些觀點。香港教會較少討論這個題目，[1] 本文算是填補這片空白。很多基督徒習慣了路德神學的某種解讀，也按這種解讀形成了某些信仰看法，或許，一種對路德神學的新看法，會觸發我們對信仰的更深了解。

一 導論

新路德神學發源自芬蘭赫爾辛基大學普世合一神學（ecumenical theology）教授曼多馬（Tuomo Mannermaa）。[2] 一九七三年，曼多馬參與芬蘭路德會與俄羅斯正教會的對話。一九七七年，兩者協議文件〈救恩作為成義（稱義）[3] 及神化 [4]〉

(“Salvation as Justification and Deification”)。就這份文件的名稱來看，是將基督教救恩論重視的「成義(稱義)」和正教救恩論重視的「神化」結合起來。在曼多馬眼中，路德的「成義(稱義)」觀和正教的「神化」觀兩者可以相通。

關於“Justification”，天主教將之譯為「成義」，其看法較接近正教的「神化」的觀念。若然路德的“Justification”觀點，真像曼多馬所言，具備「神化」的觀點，也即與天主教的「成義」觀，有相近之處。如此，基督教信仰的三大傳統(天主教、正教、基督教)，便可以在救恩論及「成義(稱義)」觀上，有更多溝通空間了。

在一般的路德神學裏，「因信稱義」講的「稱義」，主要是一「法庭式」觀念。在這裏，「稱義」是指上帝「宣判」罪人「無罪」，上帝「宣稱」罪人為「義」。這裏的「義」，只是一「判罪下」的「狀況」，並不指涉這個人的「本體」狀況。在與俄羅斯正教會的對話中，曼多馬提出路德的「基督就在信心中」(“*in ipsa fide Christus adest*”; Christ present in faith)這觀念，與正教的「神化」觀對話。「基督就在信心中」指向的不是「法庭式」的「判罪狀況」，而是基督徒的「本體」狀況。如此，曼多馬開展了新路德神學。[5]

按卡維里(Veli-Matti Kärkkäinen)的講法，新路德神學有四個要點：

1. 在路德的救恩觀裏，「稱義」包括「聖化」;
2. 路德的「成義(稱義)」觀的核心是「基督就在信心中」。在這觀點下，「成義(稱義)」是一「真實的—本體的」(real-ontic)的事實。透過聖靈，基督真的內住於信徒的生命裏，以致這信徒「真實的—本體的」參與在上帝的生命裏；

3. 路德本人沒有分開「法庭式的稱義」及「實在的成義」(effective justification)，「成義(稱義)」包含這兩方面；
4. 「成義(稱義)」不排除善工，「成義(稱義)」的人自然地活出生命裏的基督，善行是信徒生命自然的效果。[6]

以下，我們看看曼多馬的新路德神學對這些基本觀點的闡述。

二 回歸真正的路德：反對「後康德主義」的路德解讀

康德(Immanuel Kant, 1724 ~ 1804)開展了哲學的新時代，他的哲學被喻為帶來了哲學界的哥白尼革命。康德展示了人類知識的基本結構，也劃定了人類知識能達到的領域。他認為人類只能認知事物的「現象」，不能認知事物的「本體」(「物自身」)。[7] 這種哲學影響了日後的神學發展，神學不再能期望認識上帝自己，這是屬於「本體」的事物，是超出人類知識範圍的。我們只能認識上帝在世界的作為，上帝的這些作為是我們能經驗的。簡言之，神學不再是認知上帝的「本體」，只能認知上帝救贖之工對我們的影響。這種神學不再反映上帝的自身，而只是反映我們對上帝的作為的領悟。按康德哲學的思路而言，我們的領悟作為一種「人類知識」，其實只反映人類的知性形式，不反映「上帝」的本體結構。在這意義下，神學變成「人學」，[8] 這種神學揭示人多於揭示上帝。按巴特(Karl Barth)的看法，自由主義神學的問題，正正在此。

自由主義神學家立敕爾(Albrecht Ritschl, 1822 ~ 1889)

的路德神學，走的正是一種後康德主義的路線。按曼多馬的分析，在立敕爾的信仰知識論裏，在信心中臨在的，其實不是基督，而是上帝的意志的效果。「邏輯地說，基督在我們裏面，意指上帝在人的意志中行動，這行動是透過一個與人分離的獨立力量造成的……〔按這種知識論而言〕基督在信心中臨在不是一種實在，不是一種實質的或本體的實在，而只是上帝的意志和人的意志的一種合作行動。」[9] 在立敕爾的路德神學裏，信仰不再指向人在上帝裏面的「實質改變」或「本體改變」，而只是人的意志參照上帝的意志來行動。曼多馬引用薩里南（Risto Saarinen）的話評論立敕爾的神學說：「基督在我們裏意指我們自己為了他〔基督〕活一道德生活。」[10] 信仰不再是一種存在上的生命變化，而只是行為上的變化。信仰不再涉及「存在論」，而變成「倫理學」。按曼多馬的看法，這不是路德的想法，而只是路德神學家受了康德影響而有的想法。

另一種後康德的路德神學進路，可以布特曼（Rudolf Bultmann, 1884～1976）為代表。信仰的重點，是我們對福音信息所作的存在性的回應。在這裏，信徒生命是需要改變的，但改變的基礎仍全然建基於人自己。信仰的重點不建基於任何實在，而在乎對人的存在有永恆意義的信息。這信息呼喚人回歸真實的人性。信徒的改變，可以看成是一種人自身的更新變化。這種變化缺乏上帝的真實參與。在這種路德神學裏，「唯獨信心」等同於不建基於任何客觀實在，而只需人對「福音信息」全面接受。所謂「福音信息」，可以被理解成是叫人回歸「真實人性」的呼喚。在這裏，信仰只是一種「存在主義」式的人性解讀，與上帝沒有真實的交往。

按曼多馬的看法，路德的信仰知識論，不是上述那種後康德式的以人為中心的知識論。雖然路德一般而言傾向「唯名論」，但他的知識論是依從古典的實在知識論的思路的。在這種知識論裏，「人的理解起源自〔被認知的外在對象的〕形式（*forma*）的知性外觀（intelligible appearance）透過感官進入到理智裏。被認知的事物本身的外觀是臨在於認知者裏面的……認知者及被認知者是同一的。」[11] 在這觀點下，人所認識的，不是我的「理解框架」下的對方，而是真正的對方。對方進入我內，以其真面目讓我認識。在認識過程中，被認知者和認知者結合起來。其實，這種「認識」論，與希伯來式的「認識」論很相似。眾所周知，希伯來文的「認識」，與「性交」是同一個字。「認識」意指一種生命的連合。「認識」過後，生命與被認識的對方結連起來。這種「認識論」指向一種「存在論」。[12]

按曼多馬的理解，路德的信仰知識論的確指向一種信仰的存在論。曼多馬引述一段路德的話：「如此，基督的義藉著在基督裏的信心成為我們的義。他的一切，甚至是他自己，都變成是屬於我們的……相信基督的人，倚著基督，與基督合一，擁有與他一樣的義。」[13] 曼多馬對這段話的註解是：「在這些句子中，路德表達一種實在論的知識觀念，依據這觀念，知識帶來真實的參與。」[14] 信仰作為對上帝的一種認識，這認識使信仰者與上帝發生一本體的、真實的生命連合。這種對路德的理解，與立敕爾式的理解及布特曼式的理解截然不同。立敕爾試圖避免論述「存在論」，這種思路將信仰變成倫理實踐，與生命的存在結構無關。布特曼論述「存在論」，但他的「存在論」只涉及人自己，與上帝的實質無關。無論是立敕爾抑或是布特曼，在他們的信仰觀裏，信仰總不是人和上帝的生命的真正結合。曼多馬的新路德神學，就是要擺脱康德的知識論框架，回到路德的「實在論」思考。在那裏，信仰是對上帝自身的真正認識，也是與上帝有實實在在的結合。在曼多馬看來，惟有這樣，信仰才不會淪為某種主觀性的體驗，而是一生命轉化的實實在在的事件。堅持信仰的存在論的實在性，或許是今日信仰過分主觀化的一劑解藥。

三 論信心

在路德神學裏，有所謂「唯獨信心」的講法。但甚麼是信心呢？

曼多馬引用路德的話：

> 若這是真信心，這就是心裏的確然信靠及堅定接受，這就是抓緊基督。基督是信心的對象，或者說，不是對象，而是在信心中臨在的那一位（the One）⋯⋯因此，信心能成義（稱義）是因為信心抓緊並擁有這寶貝，即臨在的基督⋯⋯因此，那被信心抓住並活在心中的基督，他才是真正的基督徒的義，藉這義，上帝算我們為義，並賜我們永生。[15]

路德又說：

> 今天那些歪謬的靈談論信仰基督，其態度像那些哲學智者一樣。他們想像信仰是心中的一種性質，這性質卻是遠離基督的。這是一種危險的錯誤。你必需這樣理解基督，離開他，你將甚麼也看不見。你相信沒有甚麼東西

> 比他更接近你。因為他不是不動地坐在天上，而是全然地與我們同在，主動的活在我們裏，正如加拉太書二章20節所言：「現在活著的不再是我，乃是基督在我裏面活著」，也說：「你們已經披戴基督了。」[16]

按曼多馬的理解，路德這種講法，是指信心不單單是接受某些真理，不單單是認同某種教義，不單單是倫理行為上的改變，不單單是內心意識的改變，信心是基督參與在信徒生命中。信心就是分有基督，這不是靈意地說的，而是實實在在地說的。基督「本體地」、真實地、存在於信徒生命中。「現在活著的不再是我，乃是基督在我裏面活著」，不是一種象徵講法，而是一種真實的描繪。

曼多馬的說法是：「信心是真實地參與基督，這意指參與福分、義、生命，這一切都在基督裏發生的。基督本身是生命、義、福分，因為神在『本性及實體』上就是這一切。因此，成義（稱義）的信心就是在基督裏參與在上帝的本質中。」[17]

信徒參與基督的生命，使信徒生命的特質和基督生命的特質，產生一種「幸福的交換」（happy exchange）。曼多馬說：「在基督和信徒之間發生的，是一種屬性的相通。基督將自己給予信徒，就是將神性的義、真理、和平、喜樂、愛、能力、生命等給予信徒。同時，基督吸收了信徒的罪、死亡、咒詛到自己生命裏。由於基督徒是真實地參與到基督裏，他們再沒有罪及死亡了。」[18]

按一般的路德神學的理解，人是罪人，但因基督的代贖，人被「宣判」為無罪。信心就是接受這種赦罪的恩典。但按曼多馬上述的理解，信心不單單只是人接受赦罪的恩典，而是信徒和基督生命的相連。由於「基督臨在信心中」，在信心中的人，生命確然有基督的參與。曼多馬說：「信心是成義（稱義）的基礎，正正因為信心意指基督位格的真實臨在，即是說，神的寬恕與禮物的真實臨在。換句話說：在信心中內住在基督徒之內的基督，就是上帝歸算給他們的義。」[19]

對曼多馬來說，上帝歸算給信徒的「義」，就是基督本身。上帝將基督賜給信徒，信徒的義就是來自基督的義。這看法讓信徒對自身的「義」有一新的肯定，我們不只是被算為義，因著基督，我們真的是「成為了義人」。這種對義人的「本體的」肯定，讓信徒對自身的「聖潔」，有多一份珍重。

四「成義（稱義）」的真義

在路德神學裏，「成義（稱義）」固然有罪人被上帝「宣判為義」的意思，但我們卻較忽略在路德神學裏，「成義（稱義）」同時指基督因信徒的信心臨在信徒的生命裏，這是上帝的生命參與信徒的生命，因著與上帝聯合，信徒的生命達到「神化」。

基督真實臨在於信徒生命裏，對曼多馬來說，是路德的救贖論的核心觀念。這不單單是指基督的救贖之工與信徒有關，更是指基督的位格與信徒的位格結連。基督本身就是上帝的義，基督的臨在將上帝的義放在信徒生命中。若說信徒「因信稱義」，這是因為「基督就在信心中」（*in ipsa fide Christus adest*），信徒與基督連合而分享了基督的義。這已不單單是「稱義」，而是「成義」，成為了「義人」。正如上文已引述過的話，路德說：「那被信心抓住並活在心中的基督，他才是真正的基督徒的義，藉這義，上帝算我們為義，並賜我們永生。」[20]

基督在信徒的信心中臨在信徒的生命裏，上帝的生命進入了人的生命裏，人因此分享了上帝的生命。信徒的生命經歷了真實的變化。一方面，信徒的罪性被基督的義克服了、取代了。另方面，信徒分享了上帝的良善、智慧、真實、正義。猶如上文引述過的另一段路德的話：「如此，基督的義藉著在基督裏的信心成為我們的義。他的一切，甚至是他自己，都變成是屬於我們的⋯⋯相信基督的人，倚著基督，與基督合一，擁有與祂一樣的義。」[21] 上帝自己的良善、智慧、真實、正義，成為了信徒生命中的良善、智慧、真實、正義。

過去的路德神學，重視「罪人被宣判為義」的法庭式的「稱義」觀，「這種理解減弱了基督的工作，在這理解下，人只是〔被動的〕受益人，沒有親自參與在救贖實在裏」。[22] 新路德神學強化了人在信心裏參與了救贖實在。信心不是一種主觀的經驗，也不只是信徒與基督的一種外在連繫，而更是指信徒與基督的生命結連，這是屬乎「真實的—本體的」事件。在這觀點下，信徒的主動性及投入性會大得多。按曼多馬的看法，信徒被稱為義，是因為他真的因著基督成為了義人。這種「成義（稱義）」觀，與正教會（Orthodox Church）重視的「神化」觀，頗有相合之處。

五 論「神化」

「但我們知道，主若顯現，我們必要像他，因為必得見他的真體。」（約壹三 2）如何「像」主呢？

彼得後書指出一種像主的方式，這裏說：「藉著這些，他把又寶貴又極大的應許賜給了我們，好叫你們既然逃脫世上因私慾而來的敗壞，就可以分享上帝的本性。」(彼後一 4；《聖經新譯本》) 所謂「像主」，就是「分享上帝的本性」。

人能「分享上帝的本性」，正是早期教父的「神化論」。教父愛任紐 (Irenaeus, 約 125 ~ 202) 說：「我們的主耶穌基督，因著他超然的愛，成為我們一分子，以致他能帶領我們成為甚至像他的本性一樣。」[23] 教父亞他拿修 (Athanasius, 298 ~ 373) 說：「他〔基督〕成為人，以致我們能成為神。」[24] 因著基督，透過信心，上帝的本性進入信徒的生命裏，回復人生命中的「神的形象」。所謂「神化」，就是指信徒的生命因基督的內住而漸漸轉化為神性的生命。

過去的路德神學，是不講「神化」的。理由是：一、「神化」暗含一種「榮耀神學」，這與路德的「十架神學」看來不一致；二、這暗含神人合作論 (synergy)，這與路德的「唯獨恩典」的講法好像不一致；三、這暗含自由意志，這與路德神學講的「罪人失去了自由意志」的講法好像不一致。[25]

但曼多馬卻看到路德著作裏含有大量有關「神化」觀念的文字。路德說：

> 這是其中一項適切的、優美的、(像聖彼得在彼得後書一章所講的) 寶貴的、十分偉大的應許，這應許賜給我們這些可憐的罪人。這應許是：我們能參與上帝的本性，生命被提升至極高的尊貴，我們不單被上帝所愛 (這愛是透過基督而來)，〔生命〕像至高至尊的聖殿那樣擁有祂的寵愛及恩典，而且更是擁有祂，就是主自己，祂以其豐盛住在我們裏面。[26]

在一篇講章〈聖彼得及聖保羅日講章〉（“Sermon on the Day of St. Peter and St. Paul”；1519）裏，路德說：

> 一個被恩典救助的人，已不是一個普通人。事實上，上帝的恩典將上帝的形式（the form of God）賜給他，神化（deifies）他，甚至聖經也稱他為「神」及「神的兒子」。[27]

路德以上講法，明顯是指向詩篇八十二篇6節。那裏，詩人說：「我曾說：你們是神，都是至高者的兒子。」

路德在〈聖誕講章〉（“Christmas Sermon”；1514）說：

> 正如上帝的道成為肉身，肉身成為道也是必需的。道成為肉身，正正是為了肉身可以成為道。換句話說，上帝成為人以致人能成為上帝。有權能的成為無能，以致軟弱的可以變得有力量。道披上了我們的形式、樣子（form and manner）、及我們的形像與樣式，以致祂能以祂的形像、樣子、及樣式披在我們生命之上。如此，智慧成為愚拙，好叫愚拙成為智慧。在上帝裏面的及在我們裏面的一切也是如此，即在一切事上，上帝將屬於我們的一切拿歸自己，以致祂能將屬於祂的一切分施給我們。[28]

以上這篇聖誕講章，是用來解釋道成肉身的真義的。明顯，路德的講法，與古代教父的「神化觀」的講法，是一脈相承的。路德說：

> 簡而言之，祂〔基督〕所是的一切及祂能做的一切，全

> 然在我們裏面，並有力地在我們身上運作，以致我們全然成為神聖。我們不是僅擁有一小部分的上帝，而是擁有全然豐盛的上帝。[29]

路德這種看法，是典型的「神化」觀念。「神化」之所以可能，建基於「道成肉身」。上帝成為人，是神性和人性的結合，這結合成就神性和人性結合的可能性，這使人成為上帝變成可能。而「道成肉身」之所以可能，全因上帝是愛。上帝在愛中，不只是向人施予恩惠，更是獻出真正的自己。當上帝獻出自己時，祂實現愛。所以，上帝給人的真正恩典，不只是祂對罪人的寬恕，更是祂將自己獻給我們。上帝的恩典就是上帝自己。信徒在信心中領受的，就是上帝自己。在曼多馬看來，路德神學的信心觀，就是「信心意指參與在上帝的存在中，參與上帝的性質」。[30] 所謂信心，實在就是基督臨在信徒生命裏，以致信徒的生命和上帝結連起來。因著上帝的參與，人的生命被「神化」。

我們可用新路德神學家普拉（Simo Peura）的話總結此段：

> 成義（稱義）不是自我理解的改變，不是與上帝的一種新關係，不是愛的一種新氣質。上帝改變了罪人的整個存在，這就是說，他參與了上帝的生命及其神性，他被造成為義人，成為了一個小神（“a god”）。[31]

當然，我們必須正確理解這裏講的「小神」的意義，若罪人有任何「神性」，都肯定不是源自他的本性的，而是由於基督的內住而有的。

六「神化」與「屬性相通」

信心使信徒連於基督，像新娘連於新郎。路德說：

〔信心〕將〔信徒的〕靈魂連於基督，像新娘連於新郎。如使徒教導的，藉這奧祕，基督與靈魂成為一體。若他們是一體，及他們之間有真婚姻……則他們所有的一切都是共有的，無論是善是惡。因此，相信的靈魂能誇耀基督所有的一切，也能在基督所有的一切裏找到榮耀，好像基督所有的一切是屬於自己的。[32]

因著生命的連合，信徒和基督的生命特質會相互分享，這就是「屬性相通」(*Communicatio Idiomatum*)。在基督論的討論裏，所謂「屬性相通」，這是指基督的神性和人性在同一位格裏互連互通。當信徒在基督裏和上帝連合時，也出現相類似的情況。上帝的性情成為了信徒的性情。

路德說：

我們被上帝充滿，祂將恩賜與恩典澆灌我們，以聖靈充滿我們，使我們勇敢。祂以祂的光照亮我們，祂的生命住在我們裏面，祂的至福使我們蒙福，祂的愛使我們裏面有愛。[33]

路德又說：

因為祂〔基督〕住在我裏面，一切在我裏面的恩典、公

> 義、生命、平安、救恩皆是屬於基督的，然而，這一切也是屬於我的，因為藉著信心而來的〔生命〕連結，我們在聖靈裏已成為一體。由於基督住在我內，恩典、公義、生命、永恆的救恩也因祂同時存在於我內，而律法、罪及死亡必然消失。[34]

這種生命的結連，正是存在論地説明「現在活著的不再是我，乃是基督在我裏面活著」(加二 20) 的意思。基督在我裏面活著，不是指基督的某種救恩功效在我身上發揮效果而已，而是指基督真實的—本體的活在我裏面。

路德説：「我如今活的這生命，有基督活在我裏面。事實上，基督自己就是我現在活的生命。藉此，基督與我為一。」[35]

基督活在信徒生命裏，祂的神性生命的性質，按「屬性相通」的原則，成為人的生命的性質。信徒成為某個「小神」，也有某種「神人二性」。當然，信徒的「神性」不是本有的，而是由基督而來的。按新路德神學的看法，一個信徒真是一個「新造的人」，他的生命結構與性情，在基督裏是全然更新改變的。

七 恩典(寬恕)、禮物(上帝自己)、善工

在路德神學裏，大量論及上帝的恩典。然而，一般人是從上帝的寬恕的角度去理解恩典的。領受恩典，就是接受上帝的寬恕。在恩典裏，罪人被「宣判」為無罪。在這種理解下，罪人沒有「存在論」意義的改變，只有「地位上」的改變。但按新路德神學的看法，上帝的恩典及上帝的禮物是不分的。所謂上帝的禮物，就是上帝自己，上帝在恩典裏，將自己作為禮物賜予

信徒，好叫他們的生命分享上帝一切的豐盛。

路德說：「『上帝的恩典』及『禮物』是同一東西，就是：透過基督白白地給予我們的義。」[36] 在此，路德並不將「基督的救贖之工」和「基督的位格本身」分開。「基督的救贖之工」的內容，正是基督以其「位格生命」住在信徒內，好使信徒「活像基督」。如此，信徒不單只是「稱義」，更是「成義」。

基督在信徒生命裏活著，從某個意義上說，基督透過信徒去活出自己。如此，信徒作的善工，並不是信徒自己作的，乃是基督在他裏面作的。就信徒而言，「基督在我裏面活著」，這使信徒變成一棵結好果子的樹，信徒的好行為，是他的「神化」了的生命自然有的表現。好行為不會帶來生命的「神化」，反之，是「神化」了的生命，結出行為的好果子。路德說：

> 正如基督不是事先透過行為而賺得其神性，也不是靠著成為人而取得其神性，祂被〔上帝所〕生而具有神性，不因行為，也不由於成為人，因此，我們同樣不由於行為或愛而賺得上帝的兒女的身分⋯⋯能成為上帝的兒女是出於恩典，透過相信福音而成，不因行為，也先於愛。只因基督先是永恆的上帝，祂才成為人，來服事我們；同樣，我們是因為先成為了敬虔、沒有罪的、活的、蒙福的上帝的兒女，我們才行善，並愛我們的鄰舍。[37]

信徒領受了基督的生命，他就自然地活出基督。先有信（基督在信心中臨在），蒙了恩（領受基督自己），後有愛（活出內裏的基督）。信徒不是因為愛的行為而成為上帝的兒女，反之，是因為他成了上帝的兒女，才能結出愛的果子。

論到信心與愛心的關係，路德說：

> 雖然信心不成全律法，但信心包含一些東西，藉著這些東西律法會被成全，信心包含聖靈及愛，透過這些，律法會被成全。反過來說，雖然愛不會叫人成義(稱義)，但它卻給出某些東西存在的證據，藉著這些東西，人能被成義(稱義)，這東西就是信心……愛成全律法，它本身就是成全。信心成全律法，在於它使愛成為可能。信心產生愛，如加拉太書五章所說：「信心透過愛產生功效。」[38]

信心是愛心的根據，因為信心使人的生命連於基督，而在信徒生命裏的基督，是愛的根源。沒有信，則不能愛。有愛，就顯明這人生命中有基督，即有信。信心不是直接成全律法，卻使愛成為可能，而惟愛能成全律法。人的得救，唯獨恩典，惟在恩典中的人，總流露愛。

八 幾句後話

曼多馬引發的新路德神學的探索，仍在發展中。這探索是否經得起考驗，是否合乎路德的「原意」，有待歷史去說明。惟這種新路德神學的看法，卻引起很多值得關注的議題。受到某些舊有的路德神學的影響，天主教被認為是過分著重人的行為，其「成義」論是忽略了人的全然敗壞，這多少導致基督教和天主教的不和諧。但曼多馬對路德的新研究，卻破除了這種偏見。原來，路德講的「稱義」，是以「成義」為基礎的。如此，基督教和天主教便多了對話的空間。

一直以來，正教會強調「神化」，這在基督教看來是非常遙遠的概念，但在曼多馬的研究下，「神化」原來也是路德「成義（稱義）」論的重點，這可以成為基督教和正教的溝通橋梁。如此說來，對於促成基督宗教的三大傳統的溝通，曼多馬的新路德神學，肯定發揮重大影響力。

一直以來，基督教強調「人是罪人」，按過去的路德神學的看法，人的罪被基督寬恕了，人「被稱義」了。但這種「義」是外在的，與基督徒的生命本體沒有任何關係。基督徒的生命本相，仍是罪人，極其量是一「蒙恩的罪人」。這觀念或多或少造成強烈的「悔罪文化」和「認罪意識」。這樣的一個罪人，對自身的存在，不能有任何肯定，這造成自卑情緒。但曼多馬的新路德神學，重視罪人因著信靠基督，基督在他生命裏成為他生命的真正存在核心。信徒的生命在恩典裏是經歷存在性的變化的，他「神化」了，他成了一個「小神」（在這裏要再次強調，所謂「小神」的神性，全然來自基督的神性，與人自身的能力無關）。這種看法叫信徒能更正面地看待自己現有的生命。由於他生命中的「義」，是真實的，不只是「名義上」的，他較能擺脱自卑的、負面的、負罪的心靈。若基督徒的生命是經歷「神化」的過程，基督徒便能喜樂地生活，看自己的生命，真的一天新似一天。

由於中國的文化思想包含很重的「成聖」、「成賢」元素，這元素較遠離「認罪文化」，而較接近「神化」精神。或許，在將來，曼多馬的新路德神學，能造成基督教與中國文化的全新對話。

註釋：

1. 相關的中文作品，可參閱黃保羅：〈基督教的「信」概念：曼多馬《基督就在信本身之中——信義會與東正教概念的相通之處》簡介〉，載於張慶熊、徐以驊編：《基督教學術（第4輯：聖經研究）》（上海：上海古籍，2006），頁239～286；王生台：〈西方神學的新導向：Theosis「人成為神」——東正教神學所持守的救恩論，西方神學研究的新方向〉，《時代論壇》，2010年2月17日。
2. Tuomo Mannermaa 有一本著作被譯成中文，就是黃占竹譯：《上帝》（香港：道聲，2002）。這書將作者 Tuomo Mannermaa 的名字譯為「曼多馬」。本文跟從這譯法。
3. "Justification"在基督教內，一般譯為「稱義」，但在新路德神學裏，"Justification"兼有「因基督的內住，基督徒的生命在本體上成為義人」之意，故這字同時有「成義」之意。在本文裏，這字譯為「成義（稱義）」，讓讀者同時留意到這個字的不同意義。
4. 將"Deification"及另一相關字"Theosis"譯為「神化」，可能有人認為不妥。惟"Deification"及"Theosis"，源自拉丁文 *Deus*（神）及希臘文 *Theos*（神），兩者都有「神」的含意，為保留這兩個字的原本含義，本文將這兩字譯為「神化」。
5. 曼多馬自己的觀點，可參考 Tuomo Mannermaa, *Christ Present in Faith—Luther's View of Justification* (Minneapolis, MN: Fortress Press, 2005)。曼多馬的這本書，正是新路德神學的奠基之作。另外，可參考 Tuomo Mannermaa, *Two Kinds of Love: Martin Luther's Religious World*, trans. Kirsi I. Stjerna (Minneapolis, MN: Fortress Press, 2010)。其他相關的研究著作，可參考 Olli-Pekka Vainio, ed., *Engaging Luther: A (New) Theological Assessment* (Eugene, OR: Cascade Books, 2010). Carl E. Braaten and Robert W. Jenson, *Union with Christ: the New Finnish Interpretation of Luther* (Grand Rapids, MI: W. B. Eerdmans, 1998). Veli-Matti Kärkkäinen, *One with God: Salvation as Deification and Justification* (Collegeville, MN: Liturgical Press, 2004)。
6. 參 Veli-Matti Kärkkäinen, "Salvation as Justification and *Theosis*: The Contribution of the New Finnish Luther Interpretation to Our Ecumenical Future," *Dialog: A Journal of Theology* 45, no. 1 (Spring 2006): 75。
7. 參看勞思光：《康德知識論要義》（台北：河洛，1974）。
8. 參看謝舜：《神學的人學化：康德的宗教哲學及其現代影響》（南寧：廣西人民，1997）。

9. Tuomo Mannermaa, "Theosis as a Subject of Finnish Luther Research," *Pro Ecclesia* 4, no. 1 (1995): 41.
10. Mannermaa, "Theosis as a Subject of Finnish Luther Research," 41.
11. Mannermaa, "Theosis as a Subject of Finnish Luther Research," 39。有人批評曼多馬的這種看法，因為這種看法使人在認知過程中與所有被認知的東西同一起來。參 Anna Briskina, "An Orthodox View of Finnish Luther Research," *Lutheran Quarterly* 22, no. 1 (2008): 22。
12. 薩里南(Risto Saarinen)指出，「現代性」對存在論的排斥，阻礙人接受新路德神學。薩里南說："The biggest obstacle for this ontology lies in the preconditions of modernity, which have pushed theology and religion into the realms of value and phenomenal experience, thus denying the possibility of theological real presence." Risto Saarinen, "Finnish Luther Studies—A Story and a Program," in Vainio, *Engaging Luther*, 5。
13. *StA* [Luther's *Studienausgabe*] I, 222, 11～12。轉引自 Mannermaa, "Theosis as a Subject of Finnish Luther Research," 40。
14. Mannermaa, "Theosis as a Subject of Finnish Luther Research," 40.
15. *LW* [*Luther's Works*] 26: 129 ～ 130。轉引自 Mannermaa, *Christ Present in Faith*, 27。
16. *LW* [*Luther's Works*] 26: 356。轉引自 Mannermaa, *Christ Present in Faith*, 29。
17. Mannermaa, *Christ Present in Faith,* 17.
18. Mannermaa, *Christ Present in Faith*, 17。這看法參考 *LW* [*Luther's Works*] 25: 332。
19. Mannermaa, *Christ Present in Faith*, 57.
20. *LW* [*Luther's Works*] 26: 129 ～ 130。轉引自 Mannermaa, *Christ Present in Faith*, 27。
21. *StA* [Luther's *Studienausgabe*] I, 222, 11～12。轉引自 Mannermaa, "Theosis as a Subject of Finnish Luther Research," 40。
22. Saarinen, "Finnish Luther Studies," 23.
23. Irenaeus, *Against Heresies*, Book 5, Preface.
24. Athanasius, *On the Incarnation of the Word*, Section 54.
25. 參 Kärkkäinen, "Salvation as Justification and *Theosis*," 74。
26. *WA* [*D. Martin Luthers Werke*] 21: 458, 11～22。轉引自 Mannermaa, *Christ Present in Faith*, 20～21。
27. *WA* [*D. Martin Luthers Werke*] 2: 247～248。轉引自 Kärkkäinen, "Salvation as Justification and *Theosis*," 76。

28. *WA* [*D. Martin Luthers Werke*] 1: 28, 25～32。轉引自 Mannermaa, "Theosis as a Subject of Finnish Luther Research," 43。
29. *WA* [*D. Martin Luthers Werke*] 17/1: 438, 14 ～ 28。轉引自 Mannermaa, "Theosis as a Subject of Finnish Luther Research," 47。
30. Mannermaa, "Theosis as a Subject of Finnish Luther Research," 47.
31. Simo Peura, "Christ as Favor and Gift," in Braaten and Jenson, *Union with Christ*, 48.
32. *LW* [*Luther's Works*] 31: 351。轉引自 Saarinen, "Finnish Luther Studies," 25。
33. *WA* [*D. Martin Luthers Werke*] 17/1: 438, 14 ～ 28。轉引自 Mannermaa, *Christ Present in Faith*, 22。
34. *LW* [*Luther's Works*] 26: 167 ～ 168。轉引自 Mannermaa, *Christ Present in Faith*, 41。
35. *LW* [*Luther's Works*] 26: 167。轉引自 Mannermaa, *Christ Present in Faith*, 40。
36. *WA* [*D. Martin Luthers Werke*] 56, 318。轉引自 Kärkkäinen, "Salvation as Justification and *Theosis*," 77。
37. *WA* [*D. Martin Luthers Werke*] 17/2: 74, 20 ～ 75, 11。轉引自 Mannermaa, "Theosis as a Subject of Finnish Luther Research," 45。
38. *WA* [*D. Martin Luthers Werke*] 17/2: 98, 13 ～ 14。轉引自 Mannermaa, "Theosis as a Subject of Finnish Luther Research," 47。

4

反傳統的現代神學與重拾傳統的後現代神學

趙崇明

一 重理性與反傳統的現代主義

從文化思想史發展的角度來看，「啟蒙運動」(Enlightenment)所體現的「現代主義」(modernism)思潮，可說是十四至十六世紀文藝復興運動(Renaissance)所高舉的人文主義精神的延續。[1]

啟蒙運動繼承了人文主義的傳統，重新確立人的尊貴地位，對人性和人的能力抱持積極樂觀的態度。這種人文精神，也可從康德(Immanuel Kant)對啟蒙運動的定義清楚反映出來：

> 啟蒙運動就是人類脫離自己所加之於自己的不成熟狀態。不成熟狀態就是不經別人的引導，就對運用自己的理智感到無能為力。當然其原因不在於缺乏理智，而在於不經別人的引導就缺乏勇氣與決心去加以運用時，那麼這種不成熟狀態就是自己所加之於自己的了。*Sapere*

> *aude*！[2] 要有勇氣運用你自己的理智！這就是啟蒙運動的口號。[3]

啟蒙運動又被稱為「理性的年代」(Age of Reason)。這理性當然不是指上帝的理性，而是人這個認知主體的理性，也就是笛卡兒(René Descartes)所提出的「我思故我在」(*Cogito ergo sum*)中那個在思想中的「我」的理性，人的理性成為知識的來源和判別的基礎。因此，「啟蒙運動」意味著的是一個人類理性及自主性(autonomy)抬頭，並起來主導整個世界的年代，也是一個反傳統和向外在權威宣戰的年代。它所倡導的就是一種以人的自主理性代替上帝的理性、以摩登(modern)排斥傳統(tradition)、以人的自主權威取代一切外在(包括上帝)權威的思想。正如伽達瑪(Hans-Georg Gadamer)批評現代主義的知識論是「屈從於技術思維之下的。這種技術思維根植於主體性(Subjectivity)——即它把人類的主觀意識，以及基於這種意識的理性確定性，當做人類知識的最終參照點。」[4] 毫無疑問，現代主義正式宣告：「人成為萬物的尺度」。[5]

固然，高舉認知主體的自主理性是現代主義其中一個重要的特徵，不過又不止於此，貝斯特(Steven Best)與科爾納(Douglas Kellner)在《後現代轉向》(*The Postmodern Turn*)一書中對「現代性」(modernity)有以下的總結：

> 它包括與傳統的一種分離，從世俗世界觀的角度對宗教世界觀的重新定位，以及以持續不斷的變化與進步為基礎的社會制度邏輯之實例。科學、資本主義和技術都是社會迅速發展的驅動力⋯⋯其建構圍繞機械論的隱

> 喻、決定論邏輯、批判理性、個人主義與人道主義的理想、對普遍真理與價值的追求、建構統一的和綜合的知識模式之企圖、還有對進步與指向一種人類解放狀態的歷史運動之樂觀主義信念。通過一系列的革命……牛頓、康德及馬克思的世界從根本上不同於但丁、亞奎那與奧古斯丁的前現代世界。[6]

貝斯特與科爾納固然總結了「現代性」的若干特徵，包括擁護機械論和決定論、重視理性批判、高抬個體、推崇自由解放的人道主義、承認真理和價值的普遍性、抱持樂觀的歷史進步觀等。然而，他們同時想指出的是，上述那些特徵明顯就是跟前現代的傳統世界觀不同，於是「與傳統分離」自然就是現代主義的結果。侯活士（Stanley Hauerwas）及韋利蒙（William H. Willimon）在《異類僑居者》（*Resident Aliens: Life in the Christian Colony*）內很能一針見血地點出啟蒙運動這項特性：

> 啟蒙運動的思想導致我們與傳統斷裂，以致使我們成為理性的人，並叫我們能為自己打算和行動，一直在培養它自己的傳統。[7]

> 大部分現代倫理學都是始於啟蒙運動的前設：人都是孤立的、英雄式的自我，是理性的個體，獨立自足、自己作決定和選擇。這類倫理學的目的，就是把個體從他或她的傳統、父母、諸故事、羣體與歷史中抽離。[8]

對現代主義或啟蒙運動而言，「傳統」及其所代表的外在權威性，就是發展「我」這個認知主體的「自主理性」最大的障礙。因此，啟蒙運動的理性主義與現代倫理學，便不得不主張「與傳統斷裂」或「從傳統、故事與歷史中抽離」。

二 現代主義導致跟前現代神學傳統的分離

如果反傳統是現代主義其中一個重要任務，首當其衝的也許就是基督教的神學傳統。正如貝斯特與科爾納認為，現代主義就是要「從世俗世界觀的角度對宗教世界觀的重新定位⋯⋯從根本上不同於但丁、亞奎那與奧古斯丁的前現代世界。」[9]

源自古希臘的形而上學一直主導著傳統前現代神學的發展，較多關心的是上帝的超越性、基督的神性和形而上的超越世界。不過，由笛卡兒開始，西方哲學由前現代的形而上學所注重的外在超越，開始逐步轉向人的主體性（turn to human subjectivity）。這種轉向意味著由本來對形而上世界（the transcendent world）及外在超越界（transcendence）的肯定，轉而為對內在認知主體的超越主義（transcendentalism）及此世（the immanent world）的重視，亦由此而造成世俗主義（secularism）的不斷抬頭，影響現代人凡事都從世俗或此世的觀點來看世間一切的事物，包括也需要從「我思」出發，「由下而上」地看待及詮釋宗教信仰。

然而，在傳統的前現代神學裏，卻一直承認上帝「從上而下」的啟示是認識上帝的必需途徑，神學的知識論源於對上帝啟示的聆聽和相信。因此，傳統的信經都以「我信」作為開始。在傳統的信仰裏，不但相信聖經和耶穌基督是上帝的啟示，也相信和接受超自然神蹟的存在，並且以神蹟來見證上帝的神性和權能。不過到了現代時期，理性的地位已經凌駕在啟示之上，甚至有取代啟示的傾向。在現代主義所推崇的科學理性的文化氛圍底下，現代人就會質問，如果接受科學家所宣揚的宇宙機械論這類科學世界觀合乎理性，為何仍要相信聖經所記載的那些沒法經得起人類理性和感觀經驗驗證的超自然神蹟？何況既然耶穌施行的神蹟在今日不能重現，有何理由相信昔日的人對神蹟的證言？當時最徹底地代表這種理性主義精神的新派神學要算是自然神論（Deism），主張所有不能通過理性檢視的啟示均要對之質疑，甚至捨棄。

上文亦提過，現代主義所反映的人文主義精神，對人的能力和人性看得比較樂觀，只要發揮到人的潛能，就可以成為促進社會進步的重要原動力。人在宇宙中的地位逐漸抬頭，甚至有取代上帝成為世界中心的傾向。然而，傳統神學的原罪觀卻承認人性有罪及墮落，不能單靠自己的能力去救贖自己。於是承襲了人文主義精神的啟蒙運動哲學家伏爾泰（Voltaire）及盧梭（Jean-Jacques Rousseau），自然覺得傳統基督教原罪觀對人性看得太過悲觀，過度貶低了人的尊嚴和能力，因而會阻礙社會發展的進步，所以宣告要跟基督教傳統的人性觀決裂。

總結而言，當我們認識現代主義所高舉的自主理性和人文精神為何貶低傳統、甚至不惜跟傳統斷裂，就不難了解它對前現代的基督教神學中一些傳統觀念帶來多大的衝擊。

三 調適現代主義的現代神學

既然有強烈反傳統傾向的現代主義，不斷衝擊和挑戰前現代的基督教神學中一些傳統的觀念，於是現代神學其中一個重要任務，就是如何在強大的現代主義文化氛圍底下努力護教。

1. 士萊馬赫為有文化的蔑視宗教者做神學

被稱為現代神學之父的士萊馬赫（Friedrich D. E. Schleiermacher, 1768 ~ 1834）對宗教及神學的看法，基本上是出於對以康德哲學為代表的現代主義及啟蒙運動的文化精神所作的回應。基督教被當時高舉理性的啟蒙精神邊緣化，於是不少受理性主義影響的知識分子，自然便對基督教採取蔑視的態度，認為宗教與代表科學理性的文化是兩碼子事，更嚴重者會認為基督教的教義內容含有很多非理性及不道德的成分，覺得基督宗教並非一個理性的宗教，有導人迷信之嫌，在他們心目中，基督教神學不能跟其他文化知識擁有同等的學術地位。

就在這種背景底下，士萊馬赫在一七九九年出版了《論宗教：對那些有文化的蔑視宗教者的講話》（*On Religion: Speeches to Its Cultured Despisers*）。從這書的副題可見，成書的目的明顯是為了護教，它針對的對象主要是當時社會上一班有文化的蔑視宗教者。《論宗教》最終只是想指出，當時蔑視宗教的人其實只是誤解了基督教，他們所批評的根本就不是基督教本質的核心，而且他們亦未能體會基督教對社會文化的積極功能。

在士萊馬赫所回應的一班有文化的蔑視宗教者當中，有一部分正是當時在德國盛行的浪漫主義（Romanticism）的重要代表人物。[10] 值得留意的是，士萊馬赫並非批評這班文化人以浪漫主義精神來反宗教，事實上他自己的神學思想正深受浪漫主義哲學影響，甚至士萊馬赫正是刻意要用世俗文化的語言或世界觀來重新詮釋基督宗教，以致彼此能夠在文化這公共空間中繼續對話。由此可見，士萊馬赫的神學，所關注的是如何關聯（correlate）、調適（accommodate），以及跟現代世俗社會文化對話。他做神學的對象，主要是面向學術界的知識分子和社會上有學識的文化人。

2. 調適現代主義的自由神學

士萊馬赫的神學，直接影響著自由神學（Liberal Theology）的出現，有不少學者甚至認為，他是開創自由神學的始作俑者。為了回應現代主義而出現的自由神學，[11] 它在十九世紀末至二十世紀中期具有很大的影響力。

雖然到了十八世紀後期，啟蒙運動在西方文化的發展上已成為強弩之末，不過正如葛倫斯（Stanley J. Grenz）和奧爾森（Roger E. Olson）的評論：「神學卻永不能再回復舊觀，沒有後起的神學思潮能夠不受這個西方理性思想發展時代的影響，繼起的神學家，也必須依循這些年代在歐洲思想界經歷巨變的洗禮後所塑造的思維方式去講神學。」[12] 以下正要指出，自由神學經歷現代主義思維方式洗禮後所呈現的其中兩項特徵：

A. 適應和吸收現代思想來重塑神學

像士萊馬赫一樣，自由派的神學家認為不應該忽視啟蒙運動之後文化上的一些新發展。一方面必須認同和適應（adapt）現代主義的思維方式，同時亦要積極地將現代新的科學知識和哲學思想吸收和消化（assimilate），來重塑一套兼具現代思想特色的基督教神學。[13]

麥拉倫（Brain D. McLaren）指出，由於現代神學是在現代世界中誕生的，它是不可能不受到現代主義思潮及現代的世界觀所影響的，所以現代神學無可避免就是反映著現代性思維；麥拉倫甚至批評，基督教整個運作已經徹底地迎合和順應了現代世界。[14] 他舉了一個例子，當現代人嘗試去詮釋「上帝掌管一切」這句話的時候，似乎已經無可避免不用「機械觀」這種現代性思維去理解。換言之，在現代人的心目中，上帝就好像一個機械設計師及機械操作員般，能精確無誤地預測、控制、決定、支配和征服一切，人世間萬事萬物就好像一部龐大的機器，這部機器一旦被上帝啟動，自然就會按照上帝預定的程序去運作而引發出一連串的連鎖反應。然而，麥拉倫提醒我們，在古老的聖經年代或所謂前現代時期，根本機械還未存在，那些年代的人根本就不可能用「機械觀」這種現代性思維去詮釋「上帝掌管一切」這句話。因此，當現代人用「機械觀」來強加在上帝身上時，反而會否誤解了「上帝掌管一切」這句話的意思，甚至扭曲了上帝的本性呢？[15]

麥拉倫又指出，現代的保守派和自由派表面上好像存在很大的神學分歧，其實它們卻有某些相似的思維。原來大家都是以非常現代的方式來閱讀聖經，都將聖經視為一本完全符合歷史客觀事實的歷史書；是一本能回答所有世界問題的百科全書；是一篇不會跟自然科學產生矛盾衝突的科學論文。凡不符合現代西方那種崇尚客觀、科學、理性、民主等思維方式的經文，就會被當作古老而遭受摒棄。[16]

B. 質疑傳統

自由神學因受啟蒙運動那種質疑權威和高舉自由的文化精神的影響，所以比較強調對教會傳統的批判，拒絕由信仰傳統和教會體制的權威來主導甚至制約神學的發展，甚至認為有需要的時候，神學家擁有跟教會傳統信仰決裂的自主性和自由。[17]

3. 對遷就現代「新」思維的自由神學的批判

侯活士和韋利蒙在《異類僑居者》中指出：「自啟蒙運動以來，一直吸引著我們最出色的神學家去苦心鑽研的一個神學企劃，就是如何讓現代世界接受福音。」[18] 他們認為，士萊馬赫和田立克（Paul Tillich；或譯蒂利希）等神學家所鑽研的現代神學（又稱為「文化神學」或「護教學」），乃是最名副其實地富現代性的，因為他們正是專為受過啟蒙運動現代文化洗禮的現代人做神學，試圖將古老的基督教神學和聖經世界那套語言，「翻譯」成一套符合現代世界觀、可以跟現代人溝通的語言，好讓現代人（尤其是一些文化人）不再蔑視基督教文化，並認為基督教神學在知識界中是具有可信性的，期望由此奪回基督教神學在公共論域的話語權。[19]

然而，侯活士和韋利蒙卻擔心，由於這種只為調適和關聯現代文化的現代神學過於要遷就現代人的世界觀，因此這類神學反而最終會容易扭曲了基督信仰的福音。他們認為，與其說田立克的神學夠「摩登」（modern），不如說巴特（Karl Barth）的神學比田立克的更「新」（new）、更「激進」（radical），因為田立克只是設法構造一套更具調適性（adapted）、更符合現代思維以致讓福音更能遷就現代世俗文化的神學思想而已；但巴特的教會神學，卻拒絕讓福音遷就世界，反而決意要教會遷就福音，巴特認為神學最重要的任務，是苦心經營和創造一更新和更好的教會，讓福音塑造和轉化教會內信徒的生命而成為新造的人，建立新造的基督徒社羣。神學的任務並非只是將基督教古老的語言翻譯為現代的語言；反而是要將現代俗世的語言翻譯進上帝的道裏。神學的工作並非要思想如何把上帝的話詮釋到受現代人歡迎和接納；反而是要思想如何以上帝的話去批判性地詮釋俗世的文化。這就是巴特的神學之所以是更「新」的意思。[20]

四 一位自由派神學家呼籲回歸古代傳統

一位曾受自由神學影響的神學家奧登（Thomas C. Oden），由於閱讀了大量教父的著作，最終決定離開新教的自由主義，他反對現代神學只一味追趕學術潮流，卻貪新忘舊。在一篇文章中，奧登如此表白他對自由主義的批評和重拾教父傳統的智慧的看法：「我們正在做一個絕望的遊戲：努力尋找一些現代的思想、心理學或社會學，以便取代使徒所做的見證。遊戲結束了……對社會來說，沒有比通過聆聽聖經和傳統的直接講話重新獲得古典基督教的意識更緊迫的政治計劃。」[21]

奧登呼籲建立一種「後批判的正統」（或稱「後現代的正統」），意思是重新採用新教自由主義神學家捨棄不用的古典基督教傳統智慧，尤其是初期教會教父留下來的那些寶貴遺產來做神學。[22] 奧登三卷本的系統神學[23] 正是反映了初期教會教父的神學思想如何對後現代神學作出貢獻。

五 重拾傳統的後現代神學

在范浩沙（Kevin J. Vanhoozer）主編的《後現代神學——劍橋伴讀》（*The Cambridge Companion to Postmodern Theology*）中，後自由派神學（Postliberal Theology）和激進正統神學（Radical Orthodoxy）被歸類為後現代神學。這兩種新興

的神學思潮，其中一個共有的特點，就是針對現代性對「傳統」的否定和貶抑，而重新強調「傳統」在建構神學思想上的重要性。

1. 耶魯學派或後自由派神學

A. 主要思想進路

由於耶魯大學的弗萊（Hans Frei）和林貝克（George Lindbeck）開始發展後自由敘事神學，因而被稱為耶魯學派或後自由派神學。[24] 後自由敘事神學不少部分受巴特的神學思想所影響，反對源於士萊馬赫的自由主義神學，亦針對以特雷西（David Tracy）為核心的芝加哥學派的修正自由主義的神學觀。後自由敘事神學主張，神學的主要工作是「文本內在」（intratextual）的，而非「文本外在」（extratextual）的，意思是並非從教會以外那些建基於人類的理性、經驗、語言的敘事來做神學，而是從教會以內的聖經敘事出發來做神學，是從聖經獨特的敘事世界開始的一套敘事神學。[25]

B.「傳統」對建構神學的重要性

(i) 後自由敘事神學的「文化—語言模式」

林貝克這樣指出「文化—語言模式」（Cultural-Linguistic Model）的核心思想：「除非我們學會使用適當的符號系統，否則就有無數的思想是我們不能思想的，有無數的情感是我們所不能體驗的，還有無數的實在是我們所不能認識的。」[26] 林貝克指出，人類經驗在很大程度上是由文化和語言的形式所塑造和形成的。因此，我們學習得來的語言規定了我們對世界認識的界限。簡單來說，人是倚靠在文化傳統所形成的語言來塑造及形成經驗。

若果將這種「文化—語言模式」應用在宗教之上，林貝克會認為並非先有宗教經驗，然後用宗教或神學語言來反映或描述先存的宗教經驗。相反，是宗教語言或神學語言帶來、塑造或形成宗教經驗。故此，倘若要有基督教的宗教經驗，首先需要進入基督徒的羣體（教會），透過閱讀聖經的敍事去學習以色列人的故事和耶穌的故事，同時也要閱讀基督徒社羣（即教會）的歷史故事，從而學習一套基督教社羣傳統流傳下來的語言，並依據這套語言來經驗自我、世界和上帝。

（ii）理性建基於傳統

現代理性主義主張理性具有普遍性，意思是理性本身就是超越時空限制的一種非時間性的東西，因此理性應該具備非歷史的、反傳統的特性。侯活士和韋利蒙卻認為：「所有理性都要依賴傳統，都是建基於一個世界觀，一個故事與一個看事物的方法；這一點是遠超過康德所領悟的。」[27] 這種「理性依賴傳統」的講法實在是非常合理（reasonable）的。上文曾經提過，「啟蒙運動」所體現的「現代主義」思潮，其實是延續文藝復興運動所高舉的人文主義精神，而眾所周知的是，文藝復興是一個回歸古典文化、研究古代希臘與拉丁語文和文學經典的復古運動。因此，反傳統的現代理性主義其實最終也是源於傳統或離不開傳統的，而且追溯起來，更是源於一個非常古老的傳統。何況康德等現代哲學家，也必須倚靠某種世界觀，才能建構一套現代理性主義的思想。然而，在人類的文化發展史上，試問有哪些世界觀不是傳統的產物呢？

（iii）基督徒倫理學和神學是取決於傳統的

不但理性建基於傳統，侯活士和韋利蒙同時認為：「基督徒倫理學與其他倫理學一樣，都是『取決於傳統的』(tradition dependent)。」[28] 其意思是，基督徒倫理學的合理性，並非建基於任何有正常智力的人都擁有的共通理性和抽象普遍的理性法則上面。他們甚至指出，耶穌從沒有承認作門徒跟從祂是一件「合理」(reasonable)的事，登山寶訓也從未提過，作門徒的方式是「理性」(rational)的。[29]

侯活士和韋利蒙確認，基督徒倫理學或神學的合理性，只可能建立在由天國子民所組成的教會羣體，在歷世歷代中傳遞下來那關於耶穌的生、死、復活的故事，基督徒倫理學被要求必須忠於這故事而衍生的傳統。[30] 這傳統的功能包括：「描繪著世界運作的方式、何謂真的、甚麼是值得擁有的，以及甚麼是值得相信的。」[31] 因此，基督徒倫理學或神學的合理性，也正是由這獨特的教會傳統所發揮的功能來決定的。

(iv)倫理學和神學取決於教會傳統的社羣性

既然傳統是由教會這社羣傳遞下來的，那麼傳統就必然含有羣體性，它是屬於羣體的而並非個人私有的。因此，基督徒倫理學或神學就必然是羣體的產物，也是為教會羣體而存在，亦應受到教會羣體的規範。故此，侯活士及韋利蒙說：「所有的基督徒倫理學都是社羣倫理學，因為我們的倫理學全都假設了一個社羣的、羣體的、政治的起始點——教會。」[32]

2. 激進正統神學

A. 源起

一九九七年七月，米爾班克(John Milbank)等人[33] 在一次神學會議之中首次提出「激進正統」的口號，並於一九九九年米爾班克等一羣學者更出版了一本名為《激進正統：一種新的神學》(*Radical Orthodoxy: A New Theology*)的論文集，當中較為完整地介紹激進正統神學(Radical Orthodoxy)的思想，並聲稱這是一種新的神學。從此，激進正統神學便開始受到神學界的關注，亦引起不少學者的討論和批評。

B.「激進正統」是學派、運動抑或觸覺？

大部分的激進正統神學家都不會將「激進正統」(又可譯為「基進正統」)界定為一個神學學派(school)，因為其特色正是主張要超越狹窄的宗派或派別界線，它有較強的教會合一和大公性(ecumenical)色彩。米爾班克同意「激進正統」是一種運動(movement)，他如此形容：「基進正統神學的確是一種知識性(intellectual)、大公性(ecumenical)，以及文化調解(cultural mediation)的運動。」[34] 但沃德(Graham Ward)認為「激進正統」既非學派，也不是運動，而是一種神學上的觸覺(theological sensibility)，這種神學上的觸覺是多多少少跟當代一些神學家共有的。[35] 總括而言，激進正統神學比較寬鬆，激進正統神學家之間的思想也有不少差異，不會有一套既定和達成共識的神學立場。

C. 既「正統」或「傳統」，為何又「激進」？

激進正統神學主張回到「正統」，但「正統」總會容易給人「傳統」(traditional)和「保守」(conservative)的感覺。那麼，為何又是「激進」? 因為一提起「激進」，自然就會令人聯想到「前衞」和「革命」。既要「正統」和「傳統」，又如何「前衞」和「革新」? 因此，「激進正統」一詞，似乎已經含有一種「傳統」

與「更新」的弔詭性。福特（David Ford）對激進正統神學有以下的評價：

> 「激進正統神學」是一個絕妙的名號。它既包含了歷經數個世紀的主流基督教的豐富性，又具有「激進」意義上的尖銳和銳意革新的氣息。這種「激進」性拒斥「正統」中任何否定的和不願冒險的內容。基督徒當然應該是正統的但也應該是激進的嗎？然而又在那個組合名稱上加上一個副標題「一種新神學」，其意義就是說其根源是正統的，但又在關鍵地方作了革新。[36]

毫無疑問，激進正統神學必然肯定神學需要不斷冒險、變化和革新，不過亦肯定不是貪新忘舊，神學的更新必須植根於傳統或正統。

激進正統神學家如何理解「正統」？他們認為「正統還具有更多的具體含義，那就是重新肯定一種內容更豐富的和更忠於傳統的基督教。這種基督教在中世紀以後就逐漸消失了」。[37] 在基督教的傳統中，他們尤其看重初期教會的教父傳統，主張「正統」具有「教義性的基督教和以教父為中心的典範性」的特徵。[38] 激進正統神學是「一種向教父的和中世紀的根的回歸，特別是回歸到奧古斯丁（Augustine）把所有知識都看作是神聖啟示的視角上來」。[39] 其實，「激進」這字的其中一個意思，就是記起或重組（re-membering）根源（roots/radix）。[40] 因此，激進正統神學非常重視初期教會教父及中世紀神學家的神學洞見，他們尤其倚重奧古斯丁、女撒的貴格利（Gregory of Nyssa）、亞奎那（Thomas Aquinas）等人的思想。

D. 為何激進正統神學要回歸傳統？

要回答這問題，不得不從激進正統神學對現代性及由此衍生出來的世俗主義的批判說起。

本來，代表現代性的啟蒙思想和自由主義所造成的世俗主義，已經將基督教驅逐出公共空間之外，使宗教變得愈來愈私有化，只容許宗教在私人領域內生存，喪失了對公眾社會的影響力。但由於後現代主義的出現，於是令到支撐著現代世俗主義的根基受到動搖，神學便有機會在公共空間內再次出場。因此，激進正統神學又被視為一種後世俗神學（post-secular theology）。福特說：「它（指激進正統神學）的公開靶子是世俗化，世俗化被看作是定義並建構了經歷數個世紀之久的現代世界。同時世俗化也被看作是倡導虛無主義和膚淺的，它缺乏價值體系、意義、真理和終極的基礎，而且它現在正帶著災難性的後果蔓延開來。」[41]

激進正統神學受後現代思潮影響，跟後現代主義一樣，目標同樣是批判現代主義，例如批判建立在理性上的世俗基礎主義（secular foundationalism）。激進正統神學尤其會針對現代主義的二元論思想架構（例如理性相對於非理性、理性相對於信仰、先驗相對於經驗、自然相對於超自然、超越相對於內在等）進行解構的工作。當然，激進正統神學同樣會批判深受現代自由主義影響的自由神學。

激進正統神學雖然受後現代思想影響，但它最終並非要反現代或完全否定現代主義。同樣，激進正統神學亦並非要全然擁抱後現代思潮，例如隨著後現代的消費主義和電腦網絡文化的過度泛濫，因而帶來人生意義和價值的失落，最終更走向虛無主義（nihilism），所以激進正統神學同樣會批判由後現代思潮帶來的虛無主義。[42]

雖然激進正統神學家最終不一定要反現代，不過對現代性的批判始終是他們的重要任務。他們指出，為現代性的出現打開大門的，要算是中世紀一位哲學家蘇格徒（Duns Scotus）。根據他們的分析，在崇尚自由化和世俗化的現代性政治（the politics of modernity）的背後，是倚靠一套高舉自主理性的知識論來支撐著的，而這套知識論其實又是建基於一種脫離超越界（transcendence）的本體論（ontology）之上，當自我主體認為可以脫離超越的創造主而存在的時候，自我主體就會變成自以為自足及自主的一個封閉系統，再不會跟任何他者連繫，在自我主體以外就是「無」（nothingness）。因此，激進正統神學家認為，現代性最終就會導致虛無主義的問題。[43]

針對現代性的問題，激進正統神學因而建議回歸柏拉圖、女撒的貴格利、奧古斯丁、亞奎那這前現代傳統，重新建立一種「參與的形而上學」（a metaphysics of participation）。換言之，就是需要建立一套重新跟超越界接軌的本體論或神學，並確認所有被造物的存有或所是（being），必須參與在超越的上帝的存有之內。[44]

註 釋：

1. 有關這方面的詳細討論，參布洛克（Alan Bullock）：《西方人文主義傳統》，董樂山譯（北京：三聯，1997）。
2. 意思是「要敢於認識」。
3. 康德（Immanual Kant）：〈答覆這個問題：「甚麼是啟蒙運動？」〉，收於氏著：《歷史理性批判文集》，何兆武譯（北京：商務印書館，1996），頁 22。

4. 帕瑪（Richard E. Palmer）：《詮釋學》，嚴平譯（台北：桂冠，1994），頁 192。
5. 這句話原本是古希臘哲學家普羅泰戈拉（Protagoras）的一句名言。
6. 貝斯特（Steven Best）、科爾納（Douglas Kellner）：《後現代轉向》，陳剛等譯（南京：南京大學，2002），頁 20。
7. 侯活士（Stanley Hauerwas）、韋利蒙（William Willimon）：《異類僑居者——有別於世界的信仰羣體》，曾景恒譯（香港：基道，2012），頁 105。
8. 侯活士、韋利蒙：《異類僑居者》，頁 80。
9. 貝斯特、科爾納：《後現代轉向》，頁 20。
10. 這班知識分子包括詩人歌德（Johann W. von Goethe）、赫爾茲（Henriette Herz）、施萊格爾（Friedrich W. Schlegel）等。
11. 具代表性的自由神學家包括：立敕爾（Albrecht Ritschl, 1822～1889）、哈納克（Adolf Harnack, 1851～1930）和饒申布士（Walter Rauschenbusch, 1861～1918）等。
12. Stanley J. Grenz and Roger E. Olson, *20th Century Theology: God & the World in a Transitional Age* (Downers Grove, IL: IVP, 1992), 24.
13. 參 Grenz and Olson, *20th Century Theology*, 52。
14. 參麥拉倫（Brian D. McLaren）：《新品種的基督徒》，凌琪翔譯（台北：校園書房，2005），頁 63，70。
15. 參麥拉倫：《新品種的基督徒》，頁 72～73。
16. 參麥拉倫：《新品種的基督徒》，頁 132～133。
17. 參 Grenz and Olson, *20th Century Theology*, 52。
18. 侯活士、韋利蒙：《異類僑居者》，頁 12。
19. 參侯活士、韋利蒙：《異類僑居者》，頁 13。
20. 參侯活士、韋利蒙：《異類僑居者》，頁 17～23。
21. 引自威廉姆斯（D. H. Williams）：《重拾教父傳統》，王麗譯（北京：中國社會科學，2011），頁 20。
22. 參威廉姆斯：《重拾教父傳統》，頁 21。
23. Thomas C. Oden, *The Living God, Systematic Theology: Volume One* (Peabody, MA: Prince Press, 2001); *The Word of Life, Systematic Theology: Volume Two* (Peabody, MA: Prince Press, 2001); *Life in the Spirit, Systematic Theology: Volume Three* (Peabody, MA: Prince Press, 2001).
24. 代表此學派的神學家包括：弗萊（Hans Frei）、林貝克（George Lindbeck）、侯活士、凱西（David Kelsey）、漢星格（George Hunsinger）、普徹（William C. Placher）、蒂曼（Ronald F. Thiemann）等。
25. 參 George A. Lindbeck, *The Nature of Doctrine: Religion and Theology in a*

Postliberal Age (Philadelphia, PA: The Westminster Press, 1984), 113 ～ 124。
26. Lindbeck, *The Nature of Doctrine*, 34.
27. 侯活士、韋利蒙：《異類僑居者》，頁 105 ～ 106。
28. 侯活士、韋利蒙：《異類僑居者》，頁 72。
29. 參侯活士、韋利蒙：《異類僑居者》，頁 104。
30. 參侯活士、韋利蒙：《異類僑居者》，頁 72。
31. 侯活士、韋利蒙：《異類僑居者》，頁 80。
32. 侯活士、韋利蒙：《異類僑居者》，頁 83。
33. 除了米爾班克（John Milbank）之外，這一派別具代表性的神學家還包括沃德（Graham Ward）、皮克斯托克（Catherine Pickstock）等。
34. 米爾班克：〈基進正統神學的提案〉，譚浚明譯，收於《道風：基督教文化評論》第 23 期，2005 年，頁 47。
35. 參 James K. A. Smith, *Introducing Radical Orthodoxy: Mapping a Post-secular Theology* (Grand Rapids, MI: Baker Academic, 2004), 67。
36. 福特（David Ford）：〈激進正統神學與英國神學的未來〉，王俊譯，收於《道風：基督教文化評論》第 23 期，2005 年，頁 123。
37. John Milbank, Catherine Pickstock and Graham Ward, eds., *Radical Orthodoxy: A New Theology* (London: Routledge, 1999), 2。引自福特：〈激進正統神學與英國神學的未來〉，頁 124 ～ 125。
38. Milbank et al., *Radical Orthodoxy*, 2。引自福特：〈激進正統神學與英國神學的未來〉，頁 124。
39. Milbank et al., *Radical Orthodoxy*, 2。引自福特：〈激進正統神學與英國神學的未來〉，頁 125。
40. 參 D. Stephen Long, "Radical Orthodoxy," in *The Cambridge Companion to Postmodern Theology*, ed. Kevin J. Vanhoozer (Cambridge: Cambridge University Press, 2003), 131。
41. 福特：〈激進正統神學與英國神學的未來〉，頁 124。
42. 基於此，嚴格來說，激進正統神學是否屬於一種後現代神學則有待討論。
43. 參 Smith, *Introducing Radical Orthodoxy,* 87 ～ 100。
44. 參 Smith, *Introducing Radical Orthodoxy,* 103 ～ 122。

5 律法的傳統與更新

蔡式平

一 律法與生活

多爾西(David Dorsey)指出，在眾多的神學家中，最大的神學爭議課題，是新約信徒如何應用舊約律法。[1] 換句話說，就是究竟律法跟今日的信徒是否有關係？若有，是何種關係？

處理這個問題之前，先要了解律法是甚麼？對猶太人而言，律法就是上帝在西奈山藉摩西頒布給以色列民，並且記載在五經之中的律法。及至中世紀，猶太拉比邁蒙尼德(Moses Maimonids；亦名為 Moshen ben Maimon，簡稱 Rambam)將這些記載在五經中的律法整合成為六百一十三條的律法。[2] 自此，它成為猶太人律法的藍本，以及他們生活的指引及規範。[3]

對基督徒而言，律法的概念比較模糊不清，有些學者甚至質疑律法對新約信徒的有效性，因此如何引用律法成為了極具爭議的課題。縱然，有學者贊成將律法應用在倫理生活的層面，[4] 然而，只有少部分的律法可以被如此引用，絕大部分的律法往往被忽略，或由於文化差異的緣故而被認為不合時宜。[5]

本文分為兩部分，第一是提出如何處理這些舊約律法理念，第二是如何更新這些觀念，進而應用在今日生活的處境中。

二 第一部分：舊約律法的權威

保羅曾提及律法與基督徒的關係，他說：「這樣，律法是與上帝的應許反對嗎？斷乎不是！若曾傳一個能叫人得生的律法，義就誠然本乎律法了。但聖經把眾人都圈在罪裏，使所應許的福因信耶穌基督，歸給那信的人。但這因信得救的理還未來以先，我們被看守在律法之下，直圈到那將來的真道顯明出來。這樣，律法是我們訓蒙的師傅，引我們到基督那裏，使我們因信稱義。」(加三 21～24) 保羅的意思是說，信徒並非靠律法得救，律法並不能叫人得救，總的來說救贖是來自恩典，它並非律法的作用，然而保羅指出律法在信徒的生活上卻起了重要的引導作用。基督徒要如何面對舊約律法的問題呢？是不是應該照單全收，完全遵守舊約的律法呢？在教會歷史的進程中，聖經學者們對新約與舊約的關係有不同的見解和取態，這些見解和取態，很大程度上影響我們評價律法的權威性，繼而影響我們如何看待律法與信徒生活的關係。大致上，這可分為四種不同的見解和取態：「間斷」(discontinue)、「間斷但部分延續」、「部分間斷又部分延續」和「延續」(continue)。筆者將這些列舉如下，目的並不是為了批判或指出哪一種傳統的優劣，只是臚列箇中不同學者的意見及歷史發展。然後，筆者將提出及申明個人的見解和原因。

本質上的間斷 ←————→ 本質上的延續
（Radical Discontinuity） （Radical Continuity）

間斷 延續
（但部分延續） （但經新約過濾）

有些間斷，有些延續

1. 本質上的間斷

這種說法指出，舊約並不是基督教的正典，舊約聖經與今日的基督徒沒有關聯或帶有權威，這方面的代表人物是馬吉安（Marcion），他主張基督徒不用理會舊約，只需按新約而活。[6] 時代論（Dispensationalism）也有相似的主張，認為舊約和新約屬不同時期，舊約即由出埃及記二十章到瑪拉基書是律法時期，人要靠律法/行為稱義，新約即耶穌完成救贖大工後，律法時代結束，恩典時期開始，人要靠恩典/信心稱義，而我們今天卻處於恩典時代，並不受律法所限制。[7] 故此，按此主張舊約律法很明顯與今日的基督徒並沒有關係。

2. 間斷（但部分延續）

有主張新約已全然替代了舊約，福音書在律法之上；再者，舊約的律法是使以色列成為國度，但現時教會的處境已然不同。[8] 代表這種主張的有重洗派。

他們認為，舊約的權威次於新約，但他們並不認為舊約的律法毫無用處，他們同意律法對信徒的生活有指引性作用。路德宗雖然在政教是否合一方面與重洗派持相反立場，路德宗認為政教可合一，重洗派卻反對，[9] 但他們對舊約律法的有效性卻有相近的立場，他們同樣認為舊約較新約次要；然而，路德宗指出，信徒仍在舊約律法的轄制下，律法的作用是引領我們朝向耶穌基督。總括而言，他們主張部分舊約律法仍然有可取之處，具指引作用。[10]

3. 有些間斷，有些延續

進入二、三世紀，俄利根（Origen）主張，律法的禮儀部分在基督裏已經完成，而道德的部分，卻仍由基督繼續發揚。他是以屬靈的意義（spiritual meaning）來詮釋這些律法，以致影響及後的亞歷山太學派（Alexandrian School），他們均以寓意的方法（allegorical method）來詮釋聖經。

改革宗繼承了這個傳統，並將律法三分，就是誡命、律例、典章/民事。所謂誡命就是指十誡；律例是關乎宗教方面的祭禮、節期、獻祭的規矩、敬拜的各種儀式等；典章包括以色列人社會中公共生活道德的規條。改革宗又再將這三種律法分為兩大類別，即超時間效用（timeless laws）及受時間約束（time bound laws）兩個類別。[11] 律例和典章兩種律法是屬於後者的類別，備受舊約時間的限制，並且由於耶穌基督的緣故，已然應驗了。故此，他們主張這些律例和典章已不合時宜，對今日的信徒不再適用了。由於誡命是屬於道德律法，屬於跨時間性的，這對我們或任何世代都有直接的作用，只有部分要藉耶穌基督的觀點來理解，而贊成這觀點的有加爾文（John Calvin）。

律法的三分法，到底有甚麼根據？最大的可能是因這三個詞語皆在聖經出現了，不過，卻有很大的機會是以同義詞般來引用，並不是三類不同的律法。[12] 多爾西對三分法也提出三點作為反駁：一、沒有聖經及早期拉比文學的支持；二、如此分開某些律法為道德律法的方法被質疑；三、只側重某些律法，特別是某些新約曾引用的，這是不需要的。[13] 由此可見，律法三分的主張並沒有足夠的根據支持，其分野和效用亦不明顯，律法不應被視為分割的，而應以整體性的觀念看待。

4. 本質上的延續

有學者主張，舊約和新約有同樣的權威，這正是神治主義（theonomism）所持守的觀念。[14] 簡單來說，時代論者主張，除非新約特別的指認其有效，否則舊約律法對信徒全沒有效用。然而，與時代論主張剛好相反，神治主義者認為，除非新約有清楚指認其無效，否則一切舊約的律法對信徒仍有權威性，並且，這律法的權威性是超越信徒的羣體的，對其他人都有相同的效用，舊約的律法甚至乎要被應用在所有國家。這主張與基要的伊斯蘭教相近。

5. 延續（但經新約過濾）[15]

筆者建議承認舊約的有效性，亦即認定舊約的律法對今日帶有權威和相關性，但卻要經過新約的過濾。這進路背後的理念建基以下幾點：

A. 舊約聖經對信徒仍有權威性及相關性

保羅曾說：「並且知道你是從小明白聖經，這聖經能使你因信基督耶穌，有得救的智慧。聖經都是上帝所默示的（或譯：凡上帝所默示的聖經），於教訓、督責、使人歸正、教導人學義都是有益的，叫屬上帝的人得以完全，預備行各樣的善事。」（提後三 15 ～ 17）按照保羅的猶太背景，相信當保羅寫這段經文時，腦海想著的是舊約，[16] 既然保羅用舊約作教導，可想而知舊約對新約的信徒是有效的和有關的。同時，上帝的救贖計劃從來沒有改變過，由舊約時期到新約時期，即由亞伯拉罕開始直到基督，上帝的救贖計劃是一體性的，雖然上帝的救贖到新約時代基督的降臨才得以完成，但無可否認舊約的律法乃屬於救贖歷史其中一部分，目的是幫助我們明白基督所作的，因而與今日的信徒是相關的，是有權威性的。我們要問的是，當如何將這律法應用在生活上。

B. 聖經的整體性

若我們肯定上帝是昨日、今日、明日的上帝，即祂既是舊約的上帝，亦應是新約的上帝；上帝在舊約時期所頒發的律法，成為了祂子民的道德標準，亦應成為今日信徒的道德標準，其中一個很重要的原因是，這些律法正好反映了上帝的性情，是我們要效法的，例如：「你的弟兄在你那裏若漸漸貧窮，手中缺乏，你就要幫補他，使他與你同住，像外人和寄居的一樣。不可向他取利，也不可向他多要；只要敬畏你的上帝，使你的弟兄與你同住。你借錢給他，不可向他取利；借糧給他，也不可向他多要。」(利二十五 35～37) 上帝吩咐當以色列人有缺乏，需要幫助時，其他以色列人要幫補他，不能剝削他，收取利益。為何？因上帝是如此不計較地去對待他們，律法就是建基在上帝如何對待他們，故此他們要彼此如此對待，給予而不計較和取利。既然律法的標準是建基在上帝是誰和祂的性格之上，故此，我們當接受舊約律法的指引，效法和活出上帝的性格和樣式。

C. 律法的延續性

舊約律法的目的，正如詩篇所言：「耶和華的律法全備，能甦醒人心；耶和華的法度確定，能使愚人有智慧。耶和華的訓詞正直，能快活人的心；耶和華的命令清潔，能明亮人的眼目。耶和華的道理潔淨，存到永遠；耶和華的典章真實，全然公義——都比金子可羨慕，且比極多的精金可羨慕；比蜜甘甜，且比蜂房下滴的蜜甘甜。」(詩十九 7～10)這是我們非常熟悉的詩篇，指出了律法的有效性是超時間性的，它可不斷延續，至今仍然有效。

然而，我們必須排除對律法的偏見，為了避免將守律法看成律法主義，我們需要深刻反省和改正過來。例如，為何我們只相信及肯定十誡中的九誡而忽略了當守安息日呢？我們當如何看待安息日的命令呢？守安息日是否就等於律法主義呢？

事實上，這律法可以成為我們靈命成長的重要資源，就好像安靜、禁食等的操練能幫信徒靈命得以成長，當信徒在生活上按律法指引而活，我們的靈命就能成長，變得更接近基督。

D. 律法中的祝福

當然，律法往往給人的感覺是人受限制，甚至乎會帶來懲罰。在舊約的律法中，當然有因為觸犯律法而帶來的懲罰。然而，不能忽略的是，以色列人同時會因為遵守律法，而蒙上帝的祝福，摩西說：「看哪，我今日將祝福與咒詛的話都陳明在你們面前。你們若聽從耶和華——你們上帝的誡命，就是我今日所吩咐你們的，就必蒙福。」(申十一 26～27)故此，取消舊約的律法，亦會同時失去了上帝的祝福。

E. 小結

明顯地，若從立約的角度而言，律法是受時間的約束，是上帝與古以色列立約的條款，以律法將立約雙方約束起來，上帝信守這約，亦要求以色列民遵行律法，律法與以色列人有不可分割的關係。[17] 對今日信徒而言，雖然我們不是以色列民，不被這舊約所約束，但我們仍視舊約和律法為上帝的話語，換言之，是上帝的啟示真理和教導。

簡單而言，從法律（legally）的觀點來看，律法對新約的信徒應沒有約束。但從啟示（revelatory）及教導（pedagogical）的觀點來看，律法與信徒是相關的。[18] 故此，其權威性是顯而易見的。然而，為了避免陷入本質上延續的處境中，建議律法的引用必需經新約的過濾，並需從律法的詮釋層面入手，這將於以下應用的部分詳細討論。

三 第二部分：舊約律法的應用

在以上部分已討論了舊約律法的權威性和延續性，並肯定了它與信徒是相關的和有效的，因此，為了讓信徒可以生活在律法的引導下，我們必須思考如何實踐和應用律法，但同時要避免律法主義，就如保羅所言：「因為那字句是叫人死，精意（或譯：聖靈）是叫人活。」（林後三6下）信徒需要活出律法的精意，故此，我們對律法的精意要有正確的詮釋。

這部分的討論分為兩部分，首先檢視各種不同的詮釋方法，然後建議最適用的詮釋方法，並提出詮釋的步驟。

1. 詮釋的方法

詮釋的方法大致可分為兩大類，就是字面和寓意，兩者各走極端，在兩者之間尚有頗寬闊的詮釋空間，並發展了三種不同的詮釋方法，分別是預表、典範相近和原則性。茲按其相近的程度列表如下：

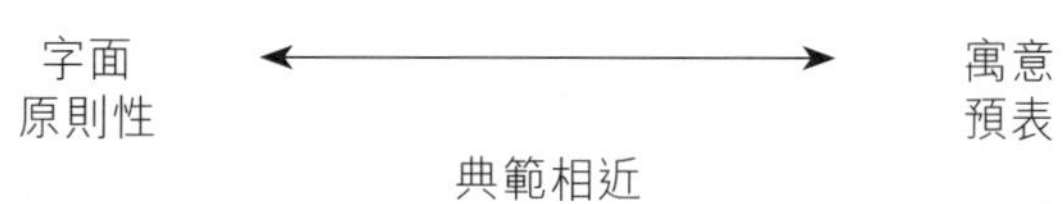

A. 字面[19]

即以字面（literal）來理解舊約的律法，此方法是「當律法如何寫，便如何理解及執行」，神治主義者以此法詮釋及應用律法；故此，不分舊約或新約，古代或現今，神治主義者會認為凡犯姦淫的都應處死。事實上，直接字面引用，並不表示他們比較嚴謹或道德比較高尚；反而，他們對經文的理解會容易變得僵化，容易傾向或陷於律法主義。由於舊約律法是上帝給予以色列這一羣獨特的民族，他們身處在獨特的地域上，擁有獨特的文化，且面對著獨特的政治環境，與我們現在的處境和文化都有著很大的差異，若只按字面直接引用一些律法，在現今社會已難以實踐。例如，犯姦淫要被治死，這種字面的解經只會令信徒陷於難以實踐律法的難處中。又例如，律法指明「收割時，不可割盡田角，要留給窮人」（利二十三22），現在我們會否因為並非身處農耕社會，於是會自陷於難以實踐的困局？

B. 寓意[20]

寓意（allegorical）解經法相信，在經文可見的字面意義底下，還有一層真正的意義，因此主張要發掘舊約律法的屬靈意義。寓意解經最大的危機是，解經者容易按自己意思來解釋。例如，當解經者以寓意的角度來理解舊約的會幕時，他們理解那三根柱為三本符類福音；會幕的三部分，即外院、聖所及至聖所則等於人的身、心、靈。然而，事實上會幕的柱並沒有屬靈意義，只是用來掛帳。

C. 預表[21]

預表（topical）解經法是建基於舊約和新約在神學方面的統一性上，相信舊約中有些人和事反映了某些新約中的人和事；亦即在舊約我們看到預表，在新約我們看到舊約預表的應驗。然而，預表解經有其局限性，就是預表亦只處理救恩歷史，並只處理和幫助我們了解基督的工作。例如，逾越節的羊羔和被放到曠野去的代罪羔羊（利十六 6～10）都是基督的預表；大祭司代人獻贖罪祭的工作，是基督救贖工作的預表。

預表和本體之間，不可能在每一個微小的細節上都是一致的。因此，當我們嘗試詮釋每一細節，而不是處理整體，便很容易就陷於勉強解釋。例如，強行將獻祭的每一個節細看成預表。

D. 典範相近[22]

典範相近（paradigm analogy）解經法是以基督為中心和典範。這主張從福音書了解基督的言行，效法基督的作為，以基督的意思理解舊約和律法。例如，耶穌曾說：「凡休妻另娶的，若不為淫亂的緣故，就是犯姦淫了。」（太十九 9）如此，認為信徒在這種情況下，與配偶正式離異、另娶或嫁他人，便不算犯姦淫。然而，單從基督生平的記載未論及所有的律法，如何理解和實踐未有論及的律法，成為了一個大難題。

E. 原則化[23]

凱瑟（Walter Kaiser）首先提出原則化（principlizing）方法

來解釋聖經，[24] 這解經法主張字面下有更深層的屬靈道德原則。例如，律法中有關潔淨條例的意義，不單單表達要分別出來的意思，其更深層的屬靈原則是要表達完整和圓滿的意義。[25] 所有舊約律法，都有更深層的屬靈道德原則，例如「不要殺人」，其深層的原則是對生命的尊重，當找出了這些屬靈的道德原則後，就可以應用在今日的基督徒生活上。

筆者個人很贊同這種解經法，是眾多方法中最可取的，這不單能叫人明白律法的本意，更為今日的信徒提供應用的原則，即使那條律法可能已不適用於今日的社會，例如，律法規定當收割莊稼時，不可割盡田角，也不可拾取所遺落的（利十九9），是否我們不是農夫，便可置之不理？根據原則化，此律法對我們仍有效，這律法的原意是甚麼？這是為了幫助貧窮人，為他們提供食物，因此，這條律法的道德原則是要照顧以色列社會中的窮人。今天，我們如何應用這屬靈原則呢？我們可以捐食物到食物銀行，或作義工幫助和關心貧窮的人，因此，關懷照顧貧窮人這個屬靈原則對今日的我們仍然有效，只不過我們需要以今日的方式去實踐出來吧了。

2. 原則化釋經的步驟

原則化釋經（Method of Principlizing）共分兩大步驟，第一步是找出律法背後的屬靈或道德原則，第二步是本色化，就是將之應用在今天。

A. 第一步：找出律法背後的屬靈或道德原則。

有三件事要做，現列出如下：

(i) 找出律法的本意

過去學者曾將律法分為民事、禮儀和道德三種性質，是一個人工化和一廂情願的分法。對以色列人而言，律法是一體性的，不會分割的，是上帝的吩咐，他們要去遵行。怎樣才是較合宜的分類呢？按律法的本意目的來分是較合宜的做法，因此，律法大致可分為六類：[26]

1. **神聖的：道德倫理性 —— 例如：十誡；獻祭的條例**。有些律法為的是反映上帝的聖潔，正如經文所言：「你曉諭以色列全會眾說：你們要聖潔，因為我耶和華 —— 你們的上帝是聖潔的。」(利十九 2) 故我們應過著聖潔的生活。
2. **人道的考慮 —— 例如：幫助貧苦的一羣**。有些律法是以人為本，是與人相處的律法。上帝是如何對待人，我們也應如何對待人，如同上帝待我們一樣。而上帝的吩咐就是：「不可心裏恨你的弟兄；總要指摘你的鄰舍，免得因他擔罪。不可報仇，也不可埋怨你本國的子民，卻要愛人如己。我是耶和華。」(利十九 17～18) 再者，因為上帝愛我們，我們也要彼此相愛。
3. **環境的考慮 —— 例如：禧年、安息日**。有些律法是出於對環境的關懷，叫人知道怎樣與大自然相處。上帝為受造物設立了安息年 (利二十五)，給予休息。故此，我們不可奴役為人類工作的動物和大地，要給予其空間休息，要減輕其辛勞。並且，保護環境也是我們的責任，因上帝是如此對待祂的受造物。
4. **衞生及醫療 —— 例如：食物的條例**。有些律法是屬於衞生／醫學性的，因為上帝關心人的身體健康。上帝吩咐他們不要吃捕食獵物的飛禽，因他們通常是帶菌的；有關皮膚病的律法，主要目的是為了防止疾病在羣體擴散。

5. **辯證的：尤其針對異教的宗教影響和文化——例如：迦南的習俗**。有些律法是為了辯證的，為了要對抗住在四鄰的外族，免受他們的文化及宗教所影響。例如，上帝吩咐他們「不可用山羊羔母的奶煮山羊羔」(利十四21下)。不是因為這是一種殘忍的行為，而是因為這做法與迦南宗教的習俗相近；當時異教徒為求神靈憐憫或介入，不惜用類似的殘酷或自殘的方式來獻祭。故此，上帝阻止他們，以免他們像學效其他宗教的習慣，而帶來混亂或混雜。
6. **教導性——例如：會幕的設計**。有些律法是教導性質的，類似的主題會多次重複出現。例如，上帝吩咐「不可把兩樣種子種在你的葡萄園裏」，又說「不可穿羊毛細麻兩樣攙雜料作的衣服」(申二十二9、11)，以此作為例證，提醒不要與鄰近的異族人混雜，以免受異教的影響，這是因為上帝關心我們的屬靈成長。

以上律法的分類與我們的生活可說是息息相關，為我們的處事為人提供了方向指引，有時候我們不做某些事，是因為這與上帝的聖潔抵觸。有時我們做某些事，是因為人道的考慮；但有時又不會只是單一的考慮，例如，我們決定不吸煙及飲酒，可能是因為這些行為從醫學上來看是錯誤的，亦可能是道德上的錯誤。

(ii)要分析其作用，即這律法對當時以色列社會的作用

當處理個別律法時，要分辨出這律例的作用，其在當時以色列的社會制度下如何發揮，以及對當時的以色列人來說是有

甚麼意義。另外，要考慮個別的律法與其他律法的關係，避免將所有的律例簡化地等同，每一條律例在當時的社會，應有不同的作用。

（iii）要問這些律法在神學上的重點是甚麼？這些律法反映上帝的哪種屬性？

當掌握了律例在以色列人中的意義及作用後，接下來的，便是找出此律法如何反映出上帝的屬性、上帝所關心的或上帝對祂子民的期望。雖然，這些律法起初是給予以色列人，但它也同時反映出上帝的心意，故此亦須留意它的神學要義，如此，這些律例便可以應用在日常的生活裏。

完成了上述步驟後，接下來要處理的，就是將律例轉化成原則。要掌握由律法所反映出來的原則是很重要的，換句話說，除去文化與社會環境的因素後，有哪些規例是要遵從的。下一步是找出這原則如何與現代社會結合。換句話說，就是這些律法如何在今日的世界實踐；關於這一點，雖然每個人的應用有所不同，但這些屬靈的原則依然能對信徒有幫助。

B. 第二步：當代的應用

（i）認清時代的分別

舊約與新約雖有不同，但是有延續性的關係。舊約與以色列民族有關連，新約與全球的人有關連，舊約律法應用在上帝的百姓，所以我們要找出律法深層的屬靈和道德原則。然後，要將之應用在教會、當代上帝的子民和每個人身上。

在舊約時代，後果是即時可見的，但在新約，後果卻是具延續性及未可見的。在舊約，祝福與咒詛是在地上可見的，但在新約，卻多在屬靈的層面，現在的祝福與舊約時代不同，並非物質，可能是前途。

(ii) 認清文化的分別

明顯地，舊約的農業社會與我們現代的社會有分別。要延續其效用，必定要將文化的元素去蕪存菁。同時，也避免文化的因素成為引用律法的障礙。

3. 認清個人的分別

個人分別，亦包括地域、文化、職業，因這並非律法主義，不應將律法僵化地應用在每個人身上。故此，不同人的應用亦有所不同。

4. 結論

除非律法只屬傳統的產物，否則便可束之高閣，不用理會，事實並非如此。正如耶穌說：「莫想我來要廢掉律法和先知。我來不是要廢掉，乃是要成全。我實在告訴你們，就是到天地都廢去了，律法的一點一畫也不能廢去，都要成全。」(太五 17～18) 重點是如何將律法更新，應用在當下的處境。既然我們認為律法是具有延續性的，其權威也是不容置疑的。在引用的時候，更應有一種更新的觀念。這更新的應用，相信便是律法的成全了。

註釋：

1. David Dorsey, "The Law of Moses and the Christian: A Compromise," *Journal of the Evangelical Theological Society* 34, no. 3 (September 1991): 322.
2. 這六百一十三條條例可分為兩部分，分別為命令（commands）及禁制（prohibitions），前者是必須執行，後者是絕對禁止。
3. 根據猶太教的傳統，《妥拉》包含了六百一十三條誡律（*mitzvot*；包括十誡）。除了十誡以外，還包括六〇三條誡律，其中有二百四十八條是積極的命令（你們要……），例如「你們要愛鄰舍如同自己」（利十九 18）；而其餘的三百六十五條是消極性的禁制（你們不可……），與一年的三百六十五天數相同，例如「你們不可吃血……因為血裏面有生命」（利十七 10～13）。
4. 例如：近來有關的著作如：（1）十誡的現代解釋與應用：古倫（Anselm Grün）：《活出十誡的真自由》，范瑞薇譯（台北：南與北文化，2007）；（2）商業運用：丹尼爾．拉賓（Rabbi Daniel Lapin）：《猶太人致富金律》，劉真如譯（台北：商周，2005）。
5. 例如：申命記二十五章 8 節：「你若建造房屋，要在房上的四圍安欄杆，免得有人從房上掉下來，流血的罪就歸於你家。」二十五章 9 節：「不可把兩樣種子種在你的葡萄園裏，免得你撒種所結的和葡萄園的果子都要充公。」二十五章 10 節：「不可並用牛、驢耕地。」及二十五章 11 節：「不可穿羊毛、細麻兩樣攙雜料做的衣服。」在引用時，對現代人而言，便很難理解了。
6. 馬吉安（Marcion；約公元 110～160 年）是早期基督教的神學家，他是第一位在歷史上嘗試編列新約正典的人。馬吉安極力主張基督徒應該集中於新約而不必理會舊約，將舊約看成是與基督教無關的宗教著作。馬吉安認為舊約中的上帝有太多的人性弱點，與新約中耶穌所啟示的那位隱藏、施恩典、樂意赦免、慈愛的上帝是對立的。
7. Christopher Wright, "The Ethical Authority of the Old Testament: A Survey of Approaches Part 2," *Tyndale Bulletin* 43, no. 2 (November 1992): 210.
8. Christopher Wright, "The Ethical Authority of the Old Testament: A Survey of Approaches Part 1," *Tyndale Bulletin*, 43, no. 1 (May 1992): 111.
9. Wright, "The Ethical Authority of the Old Testament," (May 1992): 111.
10. Wright, "The Ethical Authority of the Old Testament," (May 1992): 111.
11. Dorsey, "The Law of Moses and the Christian: A Compromise," 329.
12. 摩西引用誡命、律例、典章的時候，常把它們通稱為「律法」或互相通用。例如：一、摩西沒有刻意將誡命與律例典章分開，比較申命記四章 9 節：

「又要他們傳給子子孫孫……又教訓兒女這樣行」的律例與典章，以及16與25節的誡命；二、摩西在談及立約的內容，誡命、律例與典章這三個詞是互相通用。「……我今日曉諭你們的律例、典章，你們要聽，可以學習、謹守遵行。耶和華我們的上帝在何烈山與我們立約。」（申五1～2）而五章下文則提及十誡；三、申命記六章1至2節：「這是耶和華你們上帝所吩咐教訓你們的誡命、律例、典章，使你們在所要過去為業的地上遵行，好叫你和你的子子孫孫一生敬畏耶和華你的上帝，謹守祂的一切律例誡命……」摩西在這裏要以色列人的子子孫孫都要謹守遵行的是「一切」律例、誡命與典章，而不只是部分；四、在申命記中還有許多相似的教訓，上帝要以色人遵守「一切」律例、誡命、典章或整個律法書上的話，而從來沒有任何暗示其中的某些部分是要永遠遵守的，其餘的卻會廢棄。故此，摩西本人總是把「律法」看作一個整體。

13. Dorsey, "The Law of Moses and the Christian: A Compromise," 330～332.
14. Wright, "The Ethical Authority of the Old Testament," (November 1992): 213.
15. 這裏所指經新約過濾，並非指通過新約的神學來理解及詮釋，而是指以新約作為規範和準則而已。
16. 明顯地，保羅在寫他的書信時，新約的正典尚未確立，而舊約的正典中兩部分，律法書與先知書已經被確立。
17. 賴特（Christopher Wright）提出這種關係，可以從以色列在列國的角色及責任來討論：一、以色列的使命及目的；二、在此使命下，律法的功用；三、以色列及律法成為典範。Wright, "The Ethical Authority of the Old Testament," (November 1992): 226～228。
18. Dorsey, "The Law of Moses and the Christian: A Compromise," 234.
19. 這是指在解釋字詞的意義時，不會改變字詞本身的既定意義（defined meaning）。
20. 這是認為文本中的字詞，有隱藏的屬靈意義。
21. 這是指有一系列種類的事或物，已既定的成為一定的標準。
22. 這是指某些事件，可成為其他事件的模範，或者是清楚及典型的例子。
23. Gary T. Meadors, ed., *Four Views on Moving Beyond the Bible to Theology* (Grand Rapids, MI: Zondervan, 2009), 19～47.
24. 凱瑟（Walter Kaiser）申明「原則化」是重申作者的命題、爭辯、敘事及例證，這真理不被時間限制，特別集中在將真理應用在教會當前的需要上。Meadors, ed., *Four Views on Moving Beyend the Bible to Theology,* 22。
25. Mary Douglas, *Purity and Danger: An Analysis of Concepts of Pollution and Taboo* (London: Ark Paperbacks, 1985), 51.
26. 邁蒙尼德（Moses Maimonids）曾將律法列為十四類，分別是：(1) 基礎意見（*hilkhot yesodei hatorah*）；（2）偶像；（3）道德質素的改善；（4）舒緩經濟不公平的律法；（5）民事的過錯；（6）刑事制裁審斷的過錯；（7）財產關係（包括遺產）；（8）禁止工作的日子；（9）敬拜；（10）聖所；（11）獻祭；（12）潔淨與不潔之物；（13）食物條例；（14）性的聯合（包括割禮）。Bernard S. Jackson, "On Jacob Neusner's Theology of Halakhah," *Review of Rabbinic Judaism* 12, no 1 (2009): 133。

6

從馬太福音耶穌的教導看天國價值的更新

張祥志

一 引言：對「天國」的印象

多年前，香港流行曲歌手許冠傑有一首歌曲叫《始終被愁困》，曲中有一段歌詞：「人每多貪心，不惜背盟，時常互戰互鬥，失去靈魂，得到一朝顯貴，天國將近，一世為無盡滿足，始終被愁困。」這裏提到「天國將近」，意思即「死期」將近。意即人一生不擇手段去爭取自己的利益，就算最後得到顯赫富貴，名成利就，但生命卻走到盡頭，又有甚麼意思？

將「天國」與「死亡」連上關係是一般人很自然的想法，甚至不少基督徒都存在類似的觀念。對不少信徒來說，「天國」就是「天堂」，是人死後希望所到的地方。不少基督教佈道會中，講員呼召人信耶穌的理由往往都是「信耶穌死後可以上天堂」；又不少信徒傳福音都是以「人死後靈魂上天堂」作為重點；而所謂「魂歸天國」的關注，就是人的靈魂歸回天堂，而不是肉身生命歸回上帝的國度。

馬太福音中的「主禱文」提及「願你的國降臨，願你的旨意行在地上，如同行在天上」(六10)。「主禱文」對天國的關注似乎並不是要把地上的靈魂帶到天上，而是要將天上的國度帶來地上彰顯。究竟聖經中的「天國」是指甚麼？其中的內涵是甚麼？它要帶給世人甚麼價值？要明白這些，我們可能先要放下傳統對「天國」的既有觀念，看清楚聖經本身如何理解「天國」。本文嘗試根據對「天國」有深刻描述的馬太福音當中耶穌的教導，看天國的價值觀是甚麼，從而讓讀者對「天國」的觀念有更深和更新的認識。

二 馬太福音的社會處境

經文一開始提到耶穌基督是亞伯拉罕及大衛的子孫(一1)。「耶穌」(’Ιησους; *Iēsous*)這希臘文名字是希伯來文「約書亞」(יְהוֹשֻׁעַ; ’Ιησοῦς)的翻譯，而「約書亞」意思是「耶和華是拯救」。主的使者告訴約瑟，馬利亞將要生一個兒子，吩咐約瑟要給祂起名叫耶穌，因祂要將自己的百姓從罪惡裏拯救出來(一21)。將百姓從罪惡中拯救出來，也就是「耶穌」這名字所要完成的使命。

故事是以希律王當政的時候開始，這希律王就是大希律，約在公元前三十七年被羅馬君王凱撒亞古士督封為猶太的國王。當時耶穌生在猶太的伯利恆，幾個來自東方的博士或占星家來到耶路撒冷說要去拜耶穌這「生下來作猶太人之王」，希律王與耶路撒冷合城的人都心裏不安，於是召齊了當時的宗教及猶太人民領袖祭司長和民間的文士，問他們基督出生之地在何處，這顯示當時的宗教領袖是為政權服務，政教結連。希律王叫博士們當找到小孩子的所在便告訴他，好讓他也去拜那小孩子。但事實上，他是希望找到小孩子去除滅祂(二 13)。從一開始，馬太福音便設下一個場景，就是耶穌基督為羅馬政權帶來威脅，而羅馬政權則要將這「生下來的猶太王」除滅。綜觀整個馬太福音，站在反耶穌天國價值的一方陣營可以包括羅馬政權、希律王、耶路撒冷全城、猶太宗教領袖——祭司長、文士、法利賽人、撒都該人等，他們擁有權勢、財富、力量、地位，而這陣營的幕後黑手，就是那世界的統治者魔鬼(參四 8～9)；相反，站在天國價值的一方陣營則只有施洗約翰、耶穌及其門徒，並那些跟從耶穌的弱勢人士。耶穌來，就是要彰顯天國的價值，並將祂的百姓從魔鬼及其陣營的罪惡裏拯救出來。故此，要明白天國價值的內涵，便要看清楚耶穌在地上所做的及所教導的是甚麼。[1]

在馬太福音中，耶穌主要的工作是宣講天國的福音，叫人回轉到天國的國度，「天國近了，你們應當悔改」(四 17)是耶穌傳道的核心信息。除了宣講天國的福音，耶穌更醫治各樣的病症並釋放被鬼附的人(四 23～34，九 35～36，十一 4～5)。祂不單自己這樣做，也差遣門徒，給他們權柄做同樣的事(十 1、7～8)。值得注意的是，耶穌在馬太福音所幫助的人都是社會的邊緣弱勢羣體及被邪惡力量捆綁的人，當中包括長大痲瘋的人(八 1～4)、百夫長的僕人的癱瘓病(八 5～13)、彼得岳母的熱病(八 14～15)、被鬼及疾病所捆綁的人(八 16～17)、兩個外邦被鬼附的人(八 28～34)、癱子(九 1～8)、血漏婦人及管會堂的女兒(九 18～26)、飢餓的羣眾(十四 13～21，十五 32～38)、瘸子、瞎子、啞巴、殘疾的(十五 29～31)。

在馬太福音中，耶穌並沒有幫助過社會上有權勢的人。總括來說，馬太福音的社會處境是：一羣弱勢邊緣羣體正受魔鬼、羅馬政權及猶太宗教領袖的奴役及欺壓，耶穌帶來的天國是要打破魔鬼國度的邪惡勢力，包括疾病、鬼附、權勢分子的欺壓統治、與天國相反的意識形態及價值觀念，讓受邪惡勢力奴役的人得到釋放，回歸到上帝創造秩序的美好狀況。

三 從耶穌的教導看天國的價值

1. 登山寶訓（太五～七章）

登山寶訓的重要性在於它是耶穌在馬太福音五個主要講論的第一個，是天國價值的主要論述，後面的講論及教導都是基於這講論而發展。[2]

A.「八福」的天國價值（五 3～12）

在「八福」中，耶穌列出了八種生命狀況，每一種狀況都反映了天國的價值及取向如何。[3]

(i) 虛心的人有福了！因為天國是他們的（五 3）

「虛心」原文是「靈裏貧窮」（πτωχοὶ τῷ πνεύματι; *ptōchoi tō pneumati*）。「靈裏貧窮」的意思可以有兩個可能：(1) 如傳統所指「將心靈倒空」，即「自我謙卑」之意；(2) 因經濟貧乏而引致的心靈創傷。兩者皆有可能，單以本句難作決定，但從往後經文的論述則有迹可尋。無論如何，耶穌說天國是屬於這一種人，而不是那些「富足」的人。

(ii)哀慟的人有福了！因為他們必得安慰(五 4)

「哀慟」(πενθέω; *pentheō*)這字在馬太福音基本上只是指「傷心」，耶穌說那些「傷心」的人是有福的，因為在天國中他們必得安慰。至於他們為何會哀慟，本句未有清楚交代。

(iii)溫柔的人有福了，因為他們必承受地土(五 5)

「溫柔」(πραΰς; *praus*)與「承受地土」有何關係？詩篇三十七篇給我們一個很好的理解：

> 不要為作惡的心懷不平，也不要向那行不義的生出嫉妒。因為他們如草快被割下，又如青菜快要枯乾。你當倚靠耶和華而行善，住在地上，以祂的信實為糧，又要以耶和華為樂，他就將你心裏所求的賜給你。(詩三十七 1～4)

> 你當默然倚靠耶和華，耐性等候祂；不要因那道路通達的和那惡謀成就的心懷不平。當止住怒氣，離棄忿怒；不要心懷不平，以致作惡。因為作惡的必被剪除，惟有等候耶和華的必承受地土。(詩三十七 7～9)

> 還有片時，惡人要歸於無有；你就是細察祂的住處，也要歸於無有。但謙卑/温柔的(πραΰς; *praus*)人必承受地土，以豐盛的平安為樂。(詩三十七 10～11)

何謂溫柔的人？詩篇三十七篇告訴我們，就是指被惡人所欺壓、被羞辱、甚至被搶奪地土，以致在世上沒有地土、沒有資源、沒有權利，不能享受上帝創造的美好，但卻倚靠上帝，並且沒有因惡人的成就而心懷不平，以致作惡的人。耶穌應許這些人將來必可以承受地土。

靈裏貧窮、哀慟、溫柔這三種類別都是指在社會中那些貧窮、悲傷、被欺壓的人，然而在天國裏，這些人都會回復到創造時的美好秩序。

(iv)飢渴慕義的人有福了！因為他們必得飽足(五6)

這些是對上帝的義有極度渴慕之心的人。「義」(δικαιοσύνη; *dikaiosunē*)在馬太福音差不多與上帝的「國」同義，我們可以將上帝的義理解為「天國的生活內涵」(參太六33)。「飽足」(χορτάζω; *chortazō*)在馬太福音中全指身體的飽足(十四20，十五33、37)。意思是，那些渴求上帝的義/天國生活的人，耶穌應許他們可以得到實質的飽足。

(v)憐恤人的人有福了！因為他們必蒙憐恤(五7)

「憐恤人的」(ἐλεήμων; *eleēmōn*)，這字在馬太福音中只出現一次，但與這字相同字根的名詞卻出現在六章2至4節，那裏講及「施捨」(ἐλεημοσύνη; *eleēmosunē*)的時候，指不要叫左手知道右手所作的。「施捨」在當時猶太人的敬虔活動上，是指實際金錢上對有需要者的幫助。行憐恤/施捨的人，耶穌應許他們在天國中必蒙上帝的憐憫。

(vi)清心的人有福了！因為他們必得見上帝(五8)

「清心」原文是「心裏潔淨」(καθαροὶ τῇ καρδίᾳ; *katharoi tē kardia*)。「潔淨」(καθαρός; *katharos*)在馬太福音中不是指

衛生的清潔，而是宗教禮儀上的潔淨(太二十三26，二十七59)。在舊約潔淨條例中(利十一至十五章)，「潔淨」(καθαρός; *katharos*)的主要觀念是指純全、無雜質、不出位、分別出來、完全屬於上帝等。所以「清心的人」是那些從內心動機到外在行動都完全按上帝心意而行的人，這些人耶穌應許他們在天國中必可以看見上帝。

(vii)使人和睦的人有福了！因為他們必稱為上帝的兒子(五9)

「使人和睦」並不是作「和事佬」的人，「使人和睦」(εἰρηνοποιός; *eirēnopoios*)一字在新約中只出現一次，但其字根與「平安」(εἰρηνοποιός; *eirēnē*)一字相同。「平安」在猶太人觀念中是指生命各方面都得到上帝的祝福，以致得到圓滿的狀態。這狀態與創造的圓滿概念同出一轍，上帝六日創造這世界，從混亂到秩序，看這世界為甚好，再沒有任何遺漏補充，於是便安息了(創一1～二3)。這安息就是圓滿的狀態，也就是猶太人觀念中「平安」的意思。所以「使人和睦」的人，是指那些將上帝創造秩序的圓滿狀態帶來地上的人，也就是將天國彰顯在地的人，他們必稱為「上帝的兒子」。「上帝的兒子」在馬太福音中，是對耶穌專有的稱呼(太四3，八29，十四33，十六16，二十六63，二十七40、43、54)，耶穌將天國帶來地上，也就是將創造秩序的圓滿狀態帶來地上，祂就是「使人和睦」的人。子民現在可以參與耶穌的工作，也可以成為上帝的兒子。

(viii)為義受逼迫的人有福了！因為天國是他們的(五10～11)

如前所說，「義」是指「天國生活的內涵」，「為義受逼迫」即是為活出天國的內涵而遭受逼迫的人，這些人有福了，因為天國是他們的。「在你們以前的先知，人也是這樣逼迫他們」(五12)，以前的先知因嚴厲指斥子民離棄上帝所吩咐的誡命律例，叫他們回轉悔改，卻引來子民對他們的反感，甚至逼迫。這樣看來，為「義」受逼迫，其實就是為上帝所吩咐的誡命律例受逼迫。「義」就是上帝所吩咐的誡命律例，也是天國的核心價值，難怪耶穌說：「莫想我來是要廢掉律法和先知。我來不是要廢掉，乃是要成全。」(五17)

(ix)小結

從「八福」的內容所顯示，當時是有人貧窮、悲傷、受壓逼、需要憐恤等情況出現，而耶穌基本上是對著社會中一羣弱勢人士說話，告訴他們天國將會扭轉現在一切的困苦狀況，回復上帝創造時的美好秩序，而擁抱這天國價值——飢渴慕義、清心、使人和睦——的人是有福的，因為他們在實踐上帝的心意時，天國的價值便會屬於他們，他們終有一天會得享創造秩序的圓滿。但當實踐這些價值時，子民會隨時受到逼迫攻擊毀謗，因為要扭轉現有不義的狀況，必然會威脅既得利益者的利益，他們會發動一切行動去攻擊子民，但耶穌教導他們要歡喜快樂，因為他們在天上的賞賜是大的。

B. 勝過文士和法利賽人的天國價值(五21～六18)[4]

耶穌說，我告訴你們：「你們的義若不勝於文士和法利賽人的義，斷不能進天國。」(五20)這裏耶穌暗示了單憑文士和法利賽人的義是不能進天國的，但他們的義是甚麼？

(i)只按字面應用，沒有遵行律法的精神(五21～48)

在馬太福音五章21至48節中，耶穌對門徒及羣眾講述了六組關於律法的教導，每組教導都有相同的公式，就是從古人的吩咐到耶穌的吩咐：從「你們聽見有吩咐古人的話(五21、33)/你們聽見有話說(五27、38、43)/又有話說(五31)」到「只是我告訴你們(五22、28、32、34、39、44)」。耶穌之前曾說：「莫想我來要廢掉律法和先知。我來不是要廢掉，乃是要成全。」(五17)這句說話顯示，接著下來的六組律法的教導，耶穌並非要否定或更改它們的意思，而是要將它們原本的精神在當時羣眾的處境中應用出來：

1. **論殺人(五21～26)**：古人說：「不可殺人」，但耶穌卻指向殺人的根源動機——動怒，祂指出要解決殺人的問題先要解決人心動怒的問題，並且要盡快及徹底與別人和好，杜絕一切動怒的可能。
2. **論姦淫(五27～30)**：古人說：「不可姦淫」，耶穌又再次指向問題的根源——動淫念，祂指出姦淫的問題不單在於行動，更在於思想，要阻止姦淫發生，必須要從思想的種子階段入手，不讓它有任何生長的機會，就算忍痛犧牲部分生命，也不讓整個生命失喪。
3. **論休妻(五31～32)**：古人說：「人若休妻，就當給她休書」，古代以色列重男輕女，男人對妻子有任何不喜歡的地方，都可以把她休了。在這男女極度不平等的社會狀況下，耶穌提出若不是為淫亂的緣故，都不可休她。換句話說，耶穌將以前男人甚麼理由都可以休妻的權利，收限於只有因淫亂才可休妻，其目的是為保障社會中弱勢的女子，不致被男權濫欺。

4. **論起誓（五 33～37）**：古人說：「不可背誓」，耶穌則說不可起誓，耶穌的重點並不在於是否起誓，而是在於「做人要有誠信」。《和合本聖經》中「你們的話，是，就說是；不是，就說不是」，原文應譯作：「讓你們的話是，是；不是，不是。」意思是當你們的話是「是」的時候，就要讓那件事情成為「是」；當你們的話是「不是」的時候，就要讓那件事情成為「不是」。換句話說，就是不可食言，說得出的就要做得到，讓口裏所說的與實際結果成為一致。如果能夠做到「言行一致」，則起誓與否都無關重要，亦毋須拉那更大的神明下來，以肯定自己的說話。
5. **論以眼還眼（五 38～42）**：古人說：「以眼還眼，以牙還眼」，耶穌則以「主動雙倍受欺」來教導子民。「以眼還眼」在古代律法的重點在於「公平回報，等量賠償」的公義法則（參出二十一 24；利二十四 17～20；申十九 21）。耶穌首先教導不可與惡人作對，即面對權勢比自己強大的人，不能與他們作對。當面對可以打你右臉、拿你裏衣、逼你走一里路的那些權勢分子，在如此實力懸殊的情況下，怎樣可以彰顯公義？以眼還眼？會否更被殘暴地對待？耶穌的答案是：透過主動雙倍受欺，將對方的邪惡加倍彰顯，以凸顯對方的邪惡是何等無理，以表達對對方強權行為的控訴，同時也表達對公義的渴求是何等熱切。耶穌這樣教導不是普遍性的，而是非常處境性的，因為在強弱懸殊的處境下，作為弱勢的一方，決不可能用「以眼還眼」的手法，因為根本只會被對方繼續強權鎮壓；相反，主動雙倍受害，更能凸顯邪惡，讓人更渴求公義的彰顯。[5]
6. **論對待仇敵（五 43～47）**：古人說：「當愛你的鄰舍，恨你的仇敵」，耶穌則說要愛你們的仇敵，為那逼迫你們的禱告。耶穌以創造的角度教導子民，因為上帝愛所有人，包括好人及歹人，義人及不義的人，所以子民也要像上帝一樣有寬宏大量的心胸，不單只愛那些愛我們的人，就連那些恨我們的人都要去愛他們。

7. **小結**：所以你們要完全，像你們的天父完全一樣（五 48）。這句說話呼應著「你們的義若不勝過文士和法利賽人的義，斷不能進天國」（五 20）。這裏反映出文士和法利賽人對律法的理解並不完全，並未符合進天國的條件。主要原因是，他們對律法只有狹窄及表面的詮釋及應用，而沒有將律法原初的核心精神彰顯出來。天國價值：不可殺人、不可姦淫、保護弱勢女子、社會有誠信、追求公義、愛仇敵等，原本是要讓人生活在上帝的創造秩序之中而活得平安美好，但倘若將這些的美好精神抽空，只剩下一堆堆冰冷無情僵化的規條，並且強加別人身上，這只會把律法變成壓逼他人的工具，讓人活在痛苦當中。這樣的義，有違天國的義，而且並不「完全」。

（ii）假冒為善（六 1～18）

耶穌接續對文士和法利賽人的義作出更深層次的批判。耶穌教導子民，不可將義行在人的面前，故意叫人看見，為著得人的榮耀（六 1～2）。

耶穌用了三個猶太人敬虔生命的表現來闡述：施捨、禱告及禁食。三個論述都有相同格式：你們施捨/禱告/禁食的時候，不可像那假冒為善的人（六 2、5、16）；我實在告訴你，他們已經得了他們的賞賜（六 2、5、16）；你施捨/禱告/禁食的時候，要行在暗中，你父在暗中察看，必然報答你（六 3、6、

17～18）。而假冒為善的人，在二十三章基本上是指文士和法利賽人（二十三 13、15、23、25、27、29）。

文士和法利賽人所做的動作，表面上都是很屬靈的事情，但他們真正追求的並不是那些屬靈事情的本質，而是另有所圖，就是要得人的榮耀，而這個方向正正與那些屬靈事情的本質背道而馳。施捨的目的，是為了幫助貧困人士，現在他們施捨是為得人的榮耀；禱告的焦點是上帝本身，現在他們禱告卻是將焦點放在自己身上；禁食本來是一種自我謙卑的悔罪，現在禁食卻成為自我炫耀的表演。文士和法利賽人為使別人成為他們的觀眾，為求他們的贊同，為得到社會上的崇高地位，他們不惜使敬拜變成一個舞台來炫耀自己，透過敬拜上帝的動作來敬拜自我；並且為保持自己的優越階級位置，將羣眾放在一個「接受恩惠」的低等地位，永遠維持著一個權力不平均的社會架構。

而耶穌所倡議的天國價值則走相反路線，無論施捨、禱告、禁食都要行在暗中。只有「暗中」才能讓屬靈事情的意義按著其原本面貌呈現出來，不會讓它變成一種手段去扭曲其原本真相。更加重要的是，「暗中」才能防止作事的人透過這些屬靈行為去炫耀自我，以致將別人永遠壓在自己下面，造成階級高低之分。況且，惟一真正應得榮耀的只有天上的父，而不是人（五 16）。

C. 不慾求物質生活（六 19～34）[6]

天國價值真正關注子民的心思放在甚麼方向？是積攢財寶在地上、作瑪門的奴隸、目光注視黑暗？抑積攢財寶在天上、作上帝的奴隸、目光注視光明？兩個投資的方向帶來兩個截然不同的生命後果，一是欺壓、剝削、控制、征服；一是共融、和諧、尊重、公平。耶穌說「吃甚麼、喝甚麼、穿甚麼」都是外邦人——以羅馬政府為代表的種種強權勢力——所慾求的（六32），而強勢分子所慾求的絕對不單是「吃/喝/穿」，他們所慾求的是生活的種種權力、地位及利益，特別是金錢上的利益（瑪門），所以這裏的「吃/喝/穿」實則象徵著「生命利益的取向」。他們為了得到這些利益，可以不擇手段，甚至透過重複的說話來操控他們的神明，以得到他們想要的（六7），而追奪這方向的後果，就是登山寶訓所呈現的種種欺壓及傷害。

就在這大前提下，耶穌教導子民不要憂慮吃甚麼、喝甚麼、穿甚麼。事實上，「憂慮」（μεριμνάω; *merimnaō*）這字可以有不同的翻譯，包括憂慮、掛慮、操心、關注、關心等。倘若耶穌教導的重點是「生命心思投資的方向」（六21），那麼將μεριμνάω這字翻譯作「關注」可能比「憂慮」更適切；不要關注，就是不將心思放在那裏。外邦人就是因為關注「吃/喝/穿」，以致造成對弱勢羣體種種的壓逼傷害，民不聊生，耶穌不希望祂的子民走同樣的方向或繼續受欺壓之苦。耶穌希望祂的子民關注「祂的國和祂的義」（六33），就是天國的價值觀念，也就是上帝的創造秩序，因為關注這個方向，才能真正讓人在地上得享公義、幸福、圓滿，才不會有不義、壓逼、痛苦的出現。「吃/喝/穿」只是生命的基本需要，子民不應將之提升至生命的慾求（積攢/作奴隸/目光注視）這層次，若將其錯置，後果便不堪設想。

2. 批判富裕城市（十一20～24）

耶穌在加利利的諸城中行了許多異能，但那些城的人終不悔改，所以耶穌便責備那些主要城市：哥拉汛、伯賽大及迦百農。有趣的是，耶穌用了其他幾個城市——推羅、西頓及所多瑪——與這幾個城市作出比較，說在他們中間所行的異能，若行在推羅等那些城市中，他們的反應都會比這些城市好。要問的是，耶穌為何要用兩類城市作出比較？她們出現甚麼問題以致耶穌要批判她們？要明白耶穌批判哥拉汛、伯賽大及迦百農的深層原因，最好的方法是找出推羅、西頓及所多瑪發生甚麼問題。

A. 推羅、西頓

耶和華曾吩咐先知以西結為推羅作哀歌（結二十七～二十八章），主要說她的境界在海中全然美麗（二十七 3～4），四圍國家的樹木都為她做船的材料（二十七 5～7），她中間的智慧人作掌舵的（二十七 8），其他國家的人則輔助她為她打仗（二十七 10～11），也有另外一些國家因她有各類的財物，就作她的客商，兑換她的貨物，與她交易（二十七 12～24），她便在海中豐富，極其榮華（二十七 25）。但她擁有的一切卻要被打破，其他國家要為她痛哭悲哀（二十七 26～36），因為她的君王心裏高傲，說：「我是上帝，我在海中坐上帝之位。」她居心自比上帝，靠自己的智慧聰明和貿易增添資財，又因資財，心裏高傲（二十八 1～6）；又因她貿易很多，就被強暴的事充滿，以致犯罪（二十八 16）。因美麗心中高傲，因榮光敗壞智慧（二十八 17），因罪孽眾多，貿易不公，褻瀆她那裏的聖所。而西頓則處推羅附近，也同樣遭到耶和華的審判（二十八 20～23）。

B. 所多瑪

在舊約聖經中，所多瑪與蛾摩拉好像孿生姊妹一樣，每次都總會一起出現，但耶穌在這裏卻只提到所多瑪，沒有提到蛾摩拉。當仔細察究，整部舊約聖經中，所多瑪單獨出現只有一處，就是以西結書十六章49至50節，在那裏耶和華審判所多瑪說：「看哪，妳妹妹所多瑪的罪孽是這樣：她和她的眾女都心驕氣傲，糧食飽足，大享安逸，並沒有扶助困苦和窮乏人的手。她們狂傲，在我面前行可憎的事，我看見便將她們除掉。」

推羅、西頓和所多瑪的特性在於她們都是富裕的城市，她們受到耶和華的審判不是在於她們的富裕，而在於她們心裏高傲、居心自比上帝、靠自己的智慧聰明和貿易增添資財、因資財心裏高傲、充滿強暴的事以致犯罪、因美麗心中高傲、因榮光敗壞智慧、因罪孽眾多貿易不公、褻瀆聖所；心驕氣傲，糧食飽足，大享安逸，並沒有扶助困苦和窮乏人的手；狂傲、在上帝面前行可憎的事等。耶穌以這幾個城市與哥拉汛、伯賽大及迦百農比較，反映出她們所犯的罪都與這幾個城市相若。耶穌批判富裕的城市，因她們違犯天國的價值。倒過來說，天國期望一個富裕的城市不要心裏高傲，要知道她們的富裕是來自上帝的祝福，並且要實踐天國的價值，就是貿易要公平、不作強暴的事、心中謙卑、扶助困苦和窮乏人等。

3. 打破權力支配：作小孩子及僕人（十八1～6，十九13～15，二十20～28）

A. 作小孩子（十八1～6，十九13～15）

門徒有一次來問耶穌說：「天國裏誰是最大的？」耶穌便叫一個小孩子來，使他站在他們當中，說：「我實在告訴你們，你們若不回轉，變成小孩子的樣式，斷不得進天國。所以，凡自己謙卑像這小孩子的，他在天國裏就是最大的。」（十八1～4）

又有一次有人帶著小孩子來見耶穌，要耶穌給他們按手禱告，門徒就責備那些人。耶穌便說：「讓小孩子到我這裏來，不要禁止他們；因為在天國的，正是這樣的人。」(十九 13～14)

門徒問「天國裏誰是最大的」，證明他們還不明白天國的價值。按之前種種分析，天國價值就是要打破階級高低之分，要彼此平等，謙卑地愛上帝愛人。人若要做「最大」，就自然造成階級高低，將別人壓在自己之下，痛苦便由此而生。耶穌透過小孩子作為象徵，教導門徒要像孩子般謙卑，不爭奪權力階級高位，以小孩子形象打破強權爭大的心態。

B. 作僕人(二十 20～28)

西庇太兒子的母親同她兩個兒子請求耶穌：「願你叫我這兩個兒子在你國裏，一個坐在你右邊，一個坐在你左邊。」(二十 21)他們的目的是希望在天國裏得到榮耀。耶穌教導他們，外邦的羅馬政權，有君王僭奪了主的權柄並以他們的價值來管轄人民，但門徒卻不可像他們一樣以優越的權力去管轄其他人；相反，門徒誰願為大，就要作他們的用人，誰願為首，就要作他們的僕人。耶穌這樣教導門徒做僕人，並不是祂終極的目的，因為天國的理想並沒有階級高低之分，做僕人是為要抗衡權力階級這價值系統，以服事去打破強權的操控，以捨命去顛覆權力的支配。

4. 讓人人有基本生活保障及幸福(十九 16～30，二十 1～16)

A. 財主難進天國(十九 16～30)

有一個少年財主來問耶穌，他要做甚麼善事才能得永生。

耶穌說要進入永生，就當遵守誡命，就是不可殺人，不可姦淫，不可偷盜，不可作假見證，當孝敬父母，又當愛人如己。那少年人說他已遵守了這一切，還缺少甚麼呢？耶穌說：「你若願意作完全人，可去變賣你所有的，分給窮人，必有財寶在天上；你還要來跟從我。」（十九 21）但那少年人聽見這話，就憂憂愁愁地走了，因為他的產業很多。後來耶穌對門徒說：「財主進天國是難的……駱駝穿過針的眼，比財主進上帝的國還容易呢！」（十九 23～24）

財主進天國是難的，因為他們不願意將自己所有的變賣，分給窮人。天國的價值是甚麼？就是要打破貧富懸殊的差距，將財富重新分配，轉化成一個更公平的狀況。不要讓財富集中在少數人身上，而是要將財富分享給有需要的人；不要只讓少數人得到幸福，而要讓人人都得到幸福。不願實踐這樣價值的人，按耶穌的標準，他還未進入天國。

B. 天國的最低工資（二十 1～16）

天國好像家主清早去雇人進他的葡萄園做工，和工人講定一天一錢銀子，就打發他們進葡萄園去。在當時來說，一錢銀子是一個人一天基本生活的開支。故事中雇主在不同時段一共出去了五次聘請雇工，一次在清早（早上三至六時）、一次在巳初（早上九時）、午正（中午十二時）及申初（下午三時），最後一次在酉初（下午五時）。當中，除了第一次聘請工人有提及工資是一錢銀子外，之後的都只是說「所當給的」（原文是「凡公義的」）我必給你們，經文在這裏留下了一個空間給讀者思考甚麼是「凡公義的」。此外，經文提及雇主第二至第五次聘請雇工時，他們都是「閒站」的人，他們為甚麼「閒站」呢？經文沒有詳細解釋，惟一所知的是「因為沒有人雇我們」，沒有人雇他們的原因是甚麼，經文則沒有解釋，可能是市場供過於求、人浮於事、身體有疾病及殘疾等，總之就是沒有人聘請，而沒有人聘請便等如那天沒有收入。

到了晚上，應該是傍晚六時（參12節），園主叫管事的派發工資，先由最後進入葡萄園的工人開始，到最先的工人為止。在酉初（下午五時）雇的工人們都得了一錢銀子工資，後來最先的工人看見最後的工人只做了一個小時都可得一錢銀子，以為自己應該得到更多，誰知他們所得的都同樣是一錢銀子。於是他們便埋怨家主說：「我們整天勞苦受熱，那後來的只做了一小時，你竟叫他們和我們一樣嗎？」（二十12）家主回答其中一個人：「朋友，我不虧負你，你與我講定的不是一錢銀子嗎？拿你的走吧！我給那後來的和給你一樣，這是我願意的。我的東西難道不可隨我的意思用嗎？因為我作好人，你就紅了眼嗎？」（二十13～15）

甚麼是「公義」？第一批工人的公義觀念是應該「多勞多得，少勞少得」，表面上，這「多勞多得」觀念似乎很公平，但在這比喻中，這觀念卻沒有考慮到「閒站」的問題，因為能「多勞多得」未必是在一個公平的環境中發生的。人能「多勞」是很多因素促成的，如天時、地利、人和、市場供求、經濟環境、甚至人為因素等。有人在「閒站」，沒有人雇聘，可能不是因為他們沒有才能、不勤奮、不進取（他們都已經站在那裏等人聘請了！），而是種種其他因素，甚至可能是人為的邪惡，以致他們要「閒站」。因為時運際遇好，所以便可以「多勞多得」，因為時運際遇差，便「少勞少得」，甚至「無勞無得」，這算得上是「公義」嗎？時運際遇差的人就不是人嗎？不值得關顧他們嗎？另外，按照第一批工人「多勞多得，少勞少得」的「公義」思維，若他們做了十二小時所得是一錢銀子，那麼只做了一個小時的工人所得的便應是十二分之一錢銀子，問題是，十二分之一錢銀子足夠讓他活過那天嗎？若他不能活過那天，仍然要維持這「公義」嗎？

園主的「意願」及「意思」，也就是天國價值的「公義」觀念，不是「公道地」去「多勞多得」，而是讓每一個有不同際遇的人，都能夠有生活的基本保障——一錢銀子。當然能夠賺更多的錢並不是甚麼問題，有能力的便去賺多一些吧，但這故事所關注的是「一錢銀子」，就是生活基本需要的問題，所要說的是人不能因種種「公義」或自己的權利等去犧牲其他人的基本生活保障，能讓人過一個有尊嚴的生活，這才是天國價值的關注，這才叫「公義」。

5. 承受天國的榮耀：綿羊和山羊（二十五 31～46）

這段經文是子民能否進入天國的核心關鍵，也是耶穌對子民審判的標準。當耶穌在祂的榮耀裏，同著眾天使降臨的時候，萬民都要聚集在祂面前。祂要把他們分別出來，綿羊在右邊，山羊在左邊。

右邊的綿羊可承受那創世以來為他們所預備的國，因為他們讓餓的人得以吃、讓渴的人得以喝、讓客旅的得以住、讓赤身露體的人得以穿、讓病的人得到照顧、讓在監裏的人得到探望。左邊的山羊則要進入那為魔鬼和牠的使者所預備的永火裏去，因為他們沒有讓餓的人得以吃、讓渴的人得以喝、讓客旅得以住、讓赤身露體的人得以穿、讓病的人得到照顧、讓在監裏的人得到探望。

進天國的關鍵在於今天子民有否讓最小的弟兄的生活得到基本的照顧，讓他們的生活過得幸福一點。將這些事做在弟兄中最小的一個身上，就是做在耶穌身上。

四 總結：天國的價值

綜合馬太福音中耶穌的教導，天國的價值可分為兩個層次：

1. 基本價值

天國是要打破魔鬼國度的邪惡勢力，包括疾病、鬼附、權勢分子在政治經濟社會上的欺壓統治、與天國相反的意識形態及價值觀念，讓受奴役的人回到上帝創造秩序的美好狀況。

2. 具體價值

天國就是不讓仇恨的種子產生、不動淫念、保障弱小女性的權利、生活要有誠信、以非暴力方式尋求公義、愛仇敵、不以宗教外衣去獲取優越地位、不事奉瑪門、不過度慾求物質生活、不渴求富裕以致心高氣傲，目中無神、不恃著聰明通達感到自我高超、要與弱勢羣體認同、不爭取優越階級、不爭大、要像小孩的謙卑、要以服事打破操控、打破貧富懸殊、不以假公平的藉口去剝奪人的基本生活、讓每個人得到基本的生存保障、讓最小而有需要的人得到生命的照顧等。

3. 結語：天國價值的無與倫比

「天國好像寶貝藏在地裏，人遇見了就把它藏起來，歡歡喜喜地去變賣一切所有的，買這塊地。天國又好像買賣人尋找好

珠子，遇見一顆重價的珠子，就去變賣他一切所有的，買了這顆珠子。」（十三 44 ～ 46）

註釋：

1. 這方面的分析可參考 Warren Carter, *Matthew and the Margins: A Sociopolitical and Religious Reading* (Maryknoll, NY: Orbis Books, 2000), 1 ～ 4。
2. 五個講論包括：登山寶訓（五 1 ～七 29）、門徒的使命（九 35 ～ 十一 1）、天國的比喻（十三 1 ～ 52）、要做小孩子（十八 1 ～ 35）、天國的終末教導（二十四 1 ～二十五 46）。
3. 本部分的討論，可參考 Mark Allan Powell, "Matthew's Beatitudes: Reversals and Rewards of the Kingdom," *The Catholic Biblical Quarterly* 58, no. 3 (1996): 460 ～ 479；Carter, *Matthew and the Margins*, 130 ～ 137。
4. 本段引自張祥志：〈從馬太福音中耶穌與宗教領袖的衝突看天國的價值〉，載於鄧瑞強、趙崇明合編：《當衝突遇上和好》（香港：香港神學院，基道，2012），頁 84 ～ 87。
5. 這論點可參考 Carter, *Matthew and the Margins*, 150 ～ 154。
6. 本段引自張祥志〈從登山寶訓看「不要憂慮」的深層意義〉一文，載於蘇遠泰、趙崇明合編：《當憂慮遇上平安》（香港：香港神學院，基道，2010），頁 40 ～ 41。

7

門徒訓練的傳統與更新

張慧玲

一 引言

作主門徒的呼召源自聖經福音書，然而「門徒」二字不是基督教專有，乃是普通的用字，以描述學生跟從老師學習。這種師徒模式的教育遠古已有。聖經舊約先知收納門徒，如先知以利亞（王下二 1～3），將從上帝領受的話語傳授。兩約之間猶太拉比教導門生，拉比是老師的意思，耶穌也被看為拉比。主的門徒繼續主的使命，門徒訓練（以下簡稱「門訓」）隨著不同時代更新變化，主後四至五世紀時作主門徒會進入修道院生活。「門訓」這詞，在本文是指栽培人作主門徒，跟從基督而活。

香港教會常以系統的課程作門訓，有堂會自編的，也有常用的門訓課程，如青年歸主協會出版的《初信成長八課》、浸信會出版的《塑造主生命門徒訓練》、聖徒裝備事工中心出版的《新一代蒙福的人》等。這些材料多源自強調佈道栽培的海外基督教機構，這些國際機構包括威克里夫聖經翻譯會、國際青年歸主協會、葛培理佈道團、學園傳道會、國際校園團契、中國內地會等。[1] 他們的創辦人多受益於導航會（The Navigators）的門訓，事工開展初期也曾邀請導航會協助培訓工人和宣教士。導航會在卓道森（Dawson Earle Trotman）帶領下，開拓了偉大的福音跟進工作運動，而香港教會現有的門訓內容也多源自導航會的門訓傳統。

「導航會」這名稱於一九三四年底正式取名，[2] 副名為「軍人聖經團契」（A Bible Club for Service Men），其宗旨是「認識基督，也讓人認識祂」。它原先是「導航會之家」，提供水手暫居之家，一起用餐、查經、過夜；這是一既溫馨又充滿活力的團契，大伙兒分享、關心彼此生活中的每一個細節，並且一起同工，推行門徒訓練。起初主要為海軍設計栽培的方法，如寫信、卡片、送書、印刷背經手冊、標題式經文系統、查經材料，訓練核心同工。頭四年的目標是在美國十二艘軍艦進行門訓，其中八艘軍艦更每艘有一位核心同工負責。隨後一直發展，並到世界各地推廣。下文先描述導航會門訓傳統，資料主要來自導航會同工史貝娣（Betty Lee Skinner）撰寫的卓道森傳 ——《建造生命之輪》（*Daws:The Story of Dawson Trotman*），當中細述創辦人卓道森的一生及其事工異象的成形與發展，接著探討香港教會門訓更新的需要和方向。

二 導航會門訓傳統的內涵

1. 基督論與使命觀

導航會創辦人卓道森推動門訓是源於他個人得救的經歷、

對基督熱愛，並委身於將福音在其世代傳遍普世、完成主的大使命。基督對於他來説是救贖主，祂降世為要拯救罪人，而罪人裏頭則毫無良善。他靠自己無力遠離醉酒、鬼混的糜爛生活。因此，他確信救贖是主賜給人永生（約一12，五24），而人能接受乃是出於上帝的呼喚，上帝透過經文在人心裏燃燒，人繼而作出回應，這是一種重生的經歷，從此不再為自己而活：

基督進入人心在於人真正的決志，「這絕非出於人的血氣、面子問題或靠自我努力想做好的心，而是出自那深植在他心中的『活潑的道』。」。[3] 得救是人對這道的回應，將自己生命的主權交由耶穌基督來掌管，從此立即成為神的兒子及僕人。生命也隨之改變，並藉著背誦的經文受餵養，引導著這新生命，神的道不斷鼓勵人、指導人和糾正人。此外，基督的靈內住人心，與人親密相交，因此，他著重每天個人單獨與主親近和禱告。

至於基督徒的使命，是要完成上帝對普世的心意，就是：「你們往普天下去，傳福音給萬民聽⋯⋯使萬民作我的門徒⋯⋯在耶路撒冷、猶太全地⋯⋯直到地極，作我的見證。」他相信只要動員起普世的主門徒，審慎採行倍加的原則，造就門徒生命，大使命可以在當代完成，全世界將完全歸主。[4] 他說，大使命的完成可分成三個階段：第一，使各部落、各國有自己語言文字所寫成的聖經。其次乃佈道及宣教工作，努力傳講福音，為主得人。第三階段乃跟進工作，使重生得救的屬靈嬰孩在基督裏漸漸成長，並且教導他們也能夠為主得人。福音使者必須精通跟進工作。[5]

2. 論訓練模式

卓道森作事注重靈裏的自由與彈性，沒有工作單，而重視經驗。他在世時不斷尋索改善訓練的方法和內容；他為導航會設計的訓練課程，則要求學員做作業，並且評定成績，課程分五種層面：(1)門徒特質訓練包括態度、可信賴度及團隊精神等；(2)軍人及地方教會事工的拓展；(3)職業訓練，如水電、木工、烹飪等；(4)一對一個人栽培造就；(5)技巧性課程，如查經、佈道、跟進、門徒栽培及預備講章、帶領小組、教會歷史、時事分析等。雖然門訓課程內容廣泛，但訓練的特色離不開紀律與背經、一對一個人栽培、「生命之輪」的門徒生命藍圖、倍加原則。下文簡要勾劃這四個核心特色。

A. 紀律和背經

紀律是卓道森信仰成長的基礎。信主之初便訓練自己早起到山上禱告，之後將上帝的話藏在心裏，並尋找時機應用出來。他認為紀律是那些真心渴慕靈命成熟的基督門徒得以成長的原因所在。他每天清晨禱告、查考聖經、背經文和傳福音。

門訓紀律中的重要核心之一是背經，因為背經能讓主自由溝通，使門徒站立得住，上帝的話成為他們的避難所，助他們敵擋試探，確保他們順服主。卓道森設計了一套標題式背經系統(Topical Memory System)，由十二節至一百零八節組成。這系統的效用，就是讓門徒易於將上帝的話融入生命中，永難忘記，藏在心裏，並使領袖同工的事奉更有深度，使他們的講章更有能力。他又為初信者設計了背經卡，先背誦四項應許，即得救的確據(約五 24)、得勝的確據(林前十 13)、赦免的確據(約一 9),以及蒙垂聽的確據(約十六 24)。除設計各式各樣方便攜帶的初信靈糧或背經卡外,他還不斷研究創新的背經及查經材料,如創作研經計劃、用四種方法分析一章或一段經文、推行七週反覆複習背經法等,這些都成為平信徒領人歸主前的裝備。

對於推動紀律的訓練,卓道森也曾遭遇過挫折並進行反省。當他一九三一年蒙呼召時,便決意一生以服事青年為主,於是興起「義勇兵」,目標是訓練一支精良的「屬靈游擊隊」,在「國際漁人團契」之下組織一支福音隊,找最好人才,用最好方法,去開拓新團契「義勇兵」。他於一九三二年為隊員立下嚴格的規定,起初只有七項(Trust' Ntackle,簡稱 TNT):[6](1)每日禱告一小時;(2)每日研讀聖經;(3)每日向一人傳福音;(4)每週一次出外「福音出擊」;(5)輔導一個高中團契;(6)隨身攜帶新約聖經、約翰福音、單張小冊等;(7)每日背誦一節經文。後來,類似的要求不斷增多,七項後加至十二項嚴格的準則,「隊員經常達不到要求的挫敗感使他們陷入了罪疚感的併發症中。後來道森學會了,由外在力量強制執行的紀律操練終必歸於失敗,因為缺少從內心而發的渴慕與之配合」。[7] 於是,他降低標準,裁減對義勇兵隊員的責任項目(TNT),以免打擊那些能力和渴慕程度一般的普通人。一九三四年,他終於解散了「義勇兵」,轉而接受另一呼召,即牧養海軍,成立導航會。

B. 一對一與團隊

一九三三年,卓道森因領受從以賽亞書四十三章 4 節的應許 ——「我使人代替你」—— 而轉變負擔的責任:從服事青年人轉往向海軍人員傳福音,集中注意力在造就工人方面;從領人歸主轉變為造就堅強的門徒，以及為上帝召募工人，且重視跟進工作。

他的事工朝向兩面發展，即橫向的擴張和縱向的深入。他會花很多時間與一個人相處，經過一連數月的教導訓練、裝備之後，便會激勵對方將一生投資在服事上帝上。藉著花更多時間與所帶領的人相處，他使對方建立起穩固的紀律生活。他堅持把時間花在一對一的栽培上，並如此要求他所提拔的領袖。

同時，他又主張平衡，明白不能單靠一對一的造就工作，也需要大型聚會，而信徒也要過團隊生活。[8]

一對一的策略建基於卓道森個人訓練的經驗，因為他認識到信仰提要的說明，只屬紙上談兵，而天命承傳的最佳方式，就是要有榜樣引導。卓道森相信，惟有將使命交託那忠心能教導別人的人，才能再生下一代，使他不僅有自己的本質，也繼承自己的方法，忠心的人則再產生忠心的人，受過精密訓練的人，能使他的事工倍加，他所著重的是「生命的鏈」不要中斷。

在洛杉磯一次帳蓬佈道會後，卓道森醒覺要停止計算決志人數。這佈道會號稱有四百人決志，但因缺乏即時跟進，跟進聚會卻沒有人參加。他明白到決志只是完成了百分之五的工作，而跟進工作才是另外的百分之九十五的工作。舉手決志並不能榮耀上帝，除非決志者在往後生活中，活出基督徒的生命來。初信者必需要受餵養，因此，他選拔領袖同工的必備條件，就是要求他們要有帶領陪跑的能力，要求他們緊盯著所帶領的人，對任何一種靈命程度的人，都要始終抱持溫暖的關注，並竭盡一切資源幫助人成長。另外，他又強調對初信者要跟進到底，目的是要信徒在生活上活出救主基督的樣式，每個人都成為得勝的基督徒，能結果子，受到造就，生命中有上帝的話。

C.「生命之輪」門徒生活的藍圖

卓道森約於一九三〇年設計出生命的輪子，[9]用以說明基督門徒的特質：基督供應能力給基督徒的生命，就如同一個轉動中的車輪的輪軸一般。就機械原理而言，輪子所有的重量都落在輪軸上，同樣地，基督也應許要承擔基督徒的一切。每個願意成為基督門徒的人，都要建立穩固的「生命之輪」的生活。最基本的要求是以基督為中心，內在方面有讀經及禱告為資源，外在行動上是生活見證和傳福音，這四方面就如同人體所需的食物、氧氣、休息與運動一般，是維持健康的要素。生活見證，就是要將基督的榮美活出來。

讀經方面，卓道森認為靈命追求的方法，最重要的是讓上帝的話在生命中居首位，將上帝的話刻在心板上，成為隨時的幫助。即不只有教導系統，而應持續讀經，且必須帶著一種祈禱的心來讀；還要個別一對一的栽培，和要有穩固的靈修生活。這樣，門徒才可將基督的榮美活出來。他診斷宣教士靈命枯乾的病因，是個人禱告和靈修生活太弱，缺乏聖經靈糧，並忽略個人談道。基督門徒應每日至少用十五分鐘讀經，天天查經，以經解經，並且背誦熟記。

為了教導門徒查經，他更創作了以「聖經之手」說明讀經的方法：每隻手指頭代表把上帝的話應用到生活上的方法，第二至第五指頭，分別表徵聽、讀、查、背，而姆指則表徵默想，整隻手握住聖經拿起來，即能抓牢經上的話。

為配合推動查經班，他著力設計很多查經材料，如初信查經材料：「聖經本身」、「如何成為基督徒？」、「基督徒該做甚麼？」、「年輕信徒聖經作業手冊」等。

禱告方面，卓道森初信主五年間的禱告操練，為他往後的事奉打下了基礎。二十三歲那年，他早晚都浸淫在禱告裏，其動機是花時間與主在相交中尋找喜樂，「早起與我靈所愛的主相見，祂激動我的心」，他深信上帝惟有在回應禱告中才會動工。二十五歲時他執著於強烈的目標，要成為一個屬上帝的人、一個禱告的人。因此，他要求受訓的人早、午、晚都要禱告，導航會亦建立強大的代禱者，而他自己常獨自禱告。

傳福音方面，他最初要求隊員每日向一個人進行個人佈道，後來發展導航會時，就轉為著重栽培跟進，要求減至每週至少向一人口傳福音；而他教導傳福音的方法，則包括送贈經文、背經卡，以及代禱等。團員受鼓勵要讀宣教士傳記以激發熱心，目的是著他們努力在當代完成大使命，使普世得救。

D. 倍加原則

卓道森懷著抱負，要將福音在這世代傳至全世界，為此必須有合一見證，帶領導航會成全教會和其他事工，訓練工人到其他工場。[10] 為了將福音傳至地極，一九四九年，卓道森在一個研討會傳講導航會的「倍加」觀念：「提摩太後書二章二節的原則指的是基督徒不斷繁衍的過程，而一對一指的則是父與子的關係，是在信仰裏父母教養下一代的觀念。這二項原則是相輔相成的……單靠一對一無法將福音傳至地極的。因此，我盼望你們一定要立志，直至看到自己在主裏有了玄孫……我們算過一代的產生約需半年的時間，所以我們現在計算一下，每半年每個人都再栽培下一代，一年之內就倍加成四個人，二年內就是十六個。那麼十五年半之內，我們就可以得著全世界二十億以上的人口了⋯⋯我們方才所介紹的方法先似緩慢，而實際上一開始也是如此，一旦毫無中斷地傳遞下去，數目可以是驚人的⋯⋯不過，實際的過程是絕不能用這種六個月一代的機械式計算法為根基的⋯⋯因為這只是一種觀念，一個藍圖⋯⋯也許實際上我們需要五年才可以栽培出第一代門徒，也許三個月就可以了。所以停止為自己計算分數吧⋯⋯切勿催促你的屬靈嬰孩或你所帶領的基督徒貿然出去帶人，因為若你的後代都是貧血脆弱的，那麼果子也必不健全，這豈不是得不償失呢？我們所要的不是快速的玄孫製造報告，所以不要擔心。只要禱告、相信、並等候上帝的時間，順服上帝，祂才是賜與果實的那一位王。」[11]

導航會熱心推動福音的廣傳，委身於訓練門徒及宣教人才，協助興起了多個國際性福音機構著重門訓，其所訓練的領袖工人足迹遍佈世界各地，因而令教會重視門訓。

三 更新門訓的必要性

1. 神學及使命觀

導航會傳統的門訓側重基督是救贖主，賜人永生，解脱罪惡，使人與上帝重建親密關係。既然如此，門徒在世最重要的是完成主記載在馬太福音的大使命，門訓是訓練信徒成為口傳福音的使者，領人到救贖主前決志。基督確實是救贖主，然而，救贖之功效不止於此，乃是要人得著新生命，且不斷豐盛，至全人的身心靈恢復完整，包括情緒、理性、意志、關係。主救贖的不單是個人與上帝的復和，也是社羣性的文化更新，即社會和世界與上帝和好。

基督不單是救贖主，也是道成肉身，充滿恩典和真理，住在人羣中間，與人同住和對話。基督活於兩個世界——天國和俗世之間，活出承傳自舊約的律法，對應處境而活潑自由地生活。父怎樣差基督到世上，基督也照樣差祂的門徒到世上（約十七 18）。基督的人性和愛他人的品格，也是門徒要追求的生命，約翰福音記載主給門徒的大使命是：「我賜給你們一條新命令，乃是叫你們彼此相愛；我怎樣愛你們，你們也要怎樣相愛。你們若有彼此相愛的心，眾人因此就認出你們是我的門徒了。」（約十三 34～35）這樣看來，門訓的內容基於豐滿的基督論和使命觀而擴闊了，包括關懷世界、面對世俗的張力，以及與人相愛的生活方式。門訓也該對應當代的文化和生活處境而更新變化。

基督是僕人也是君王，到世上服務弱小、貧窮、病患和邊緣人物，並歡喜快樂地與這些人一起。基督吩咐門徒為大的要服事人（路二十二 25～27），要受苦，要愛基督而能接受失去摯愛（路十四 26～27）。這是一種抗衡自我中心、中產上流、金錢掛帥的成功觀，是反世俗洪流的逆向行為。門訓是一種不討好的任務，是世上看為不吸引、不成功的目標，因為要培養一羣卑微服事的人，過一種與世俗格格不入的生活方式。

2. 對應時代的挑戰

二〇〇九年香港教會普查（以下簡稱「二〇〇九年普查」）發現，未來三年的培育需要，首選的是門徒訓練（百分之六十點六），[12] 與二〇〇四年的首選相同。堂會的門徒訓練如何適切現今的處境？門訓的對象特質需要配以怎樣的培育？門徒是具體活在某個社會環境、年齡階段、教會組織，以及靈命進程，這些都挑戰現今的門徒訓練。

首先，在社會環境方面，香港人身處急速發展的社會，要不斷面對變動、追求競爭力，以「快」、「多」和「大」作為成功的標準。但人不是機器，倘若長期在這種壓力下而欠缺強健的心靈，便會令人困擾。信徒與市民一樣，所遇到的困難也反映在二〇〇九年普查圖二十七：[13] 堂會在牧養信徒上遇見的問題，常見的首類是工作（百分之六十六點二），其次是子女教育（百分之四十六點一），第三類是健康問題（百分之三十九點七），第四類是學業（百分之三十點三），第五類是人際關係（百分之二十六），第六類是情緒／精神困擾（百分之二十二點五）。工作的困難在於香港職場的變化，而失業、工時過長、工作壓力等在香港更是普遍現象。子女教育也帶來很大的困擾，主因堂會成年及中年信徒（二十五至六十四歲）人數佔會眾百分之五十九點二。[14] 第三和第六類是關乎身體和心靈疾病，較二〇〇四年有明顯升幅。

面對高壓力的城市，和情緒病的加劇，門徒生命的建立必要顧及身心靈的健康成長，[15] 而不只偏重裝備堂會事奉人才，也不單著重佈道的訓練。

雖然上世紀三十年代門徒訓練的大師、導航會創辦人卓道森，以讀經、禱告、見證和活出主生命為門訓的骨幹，亦為師徒關係奠下良好的基礎；但對現今信徒來說，還需要在這基礎上更新門訓，填上心靈和情緒的成長向度，[16] 以培育信徒有完整強健的人格。預防勝於治療，若信徒在信主的起步有導師助他重整過去成長的缺失，便可以避免日後病患的困擾。

第二，在成年的培育方面，[17] 成年人口佔會眾超過半數，他們所需要的門訓不是一對一，或指導式的訓練，而是要讓他們有更大的參與度，以及讓其主動投入的小組互動學習。他們的學習不是靠一位知識廣博的專才，而是需要有一親切關懷、有靈性品格的導師。導師保護小組在安全中培養親密互信關係，讓信徒結伴同行，這樣才能在關係中實踐耶穌的心願，就是要門徒彼此相愛。

第三，在堂會的組織方面，由於信徒的生命是不斷成長的，因此門訓也是一生之久，而堂會的所有活動——包括主日崇拜講道、團契或小組相交、佈道活動和聖經課程——都是為了培育門徒。[18] 這觀念絕對正確，訓練具使命的信徒是教會的使命。當我們認為所有堂會活動都在訓練主門徒時，也得審視門徒的生命如何成長起來，我們的活動結果培育出怎樣的門徒。香港堂會趨向大型化，從二〇〇九年普查的表三顯示，[19] 中大型堂會(二〇一至五百人)數目由二〇〇四年的二百一十五間，增加至二〇〇九年的二百七十六間。崇拜人數達五百人以上的堂會數目，則由二〇〇四年的六十一間，增加至二〇〇九年的九十一間，人數合共十一萬八千三百七十四人，佔整體崇拜人數百分之四十點五。大型堂會的組織模式，也很難不跟從大機構的管理文化，就是部門化的模式。

信徒決志後，他們被邀參加初信班或小組/團契聚會，然後按個人喜好報名參加聖經課程或主日學。由於信徒多在職並忙於工作，漸漸地，他們每週只會參加一個聚會，停留坐在主日崇拜。事實上，從二〇〇九年普查的圖十四顯示，[20] 主日學/聖經教導課程的出席率只有百分之二十四點四，其中十五歲以上者，只佔百分之十八點三，而培育/培訓課程就只有百分之六點三，團契/小組是百分之五十一點一。由於堂會事工的人手需要龐大，所以信主一至兩年的信徒，很快便會獲邀「事奉」，實情是為了堂會的事工工作。當這些生命缺乏培育的信徒擔當事奉崗位時，他們自然就被看為領袖，當中有可能帶給他本人和堂會不良影響。

四 更新的內涵

門訓的動力

門訓的目的，就是讓人得著主的生命，從罪惡和虛假中釋放出來，去跟從主耶穌，不斷發現主基督對自己的旨意並專心服從，以致在基督內，常與主一起，為主而活。因此，門訓總括而言有四個主要動力和元素：由主基督的呼召開始，配合人順服的決心，追求在主內成長，所結果實是在羣體中彰顯主的榮美。跟從主是一生之久，所以門訓不會止於某個時段，也不會在短時間內教曉人所有內容，更不會只有一位導師，而是在人生的不同階段，接受不同導師的陪伴和訓練。因此，基督徒加入一間篤信基督的教會，才能得著均衡而持續的門訓，在羣體中受承托和不斷學習。

A. 呼召是恩典

門徒生命始於回應主的呼喚，這是出於恩典，不是人自己的作為。門訓也應是被召叫的，每一位決志信主的人，都已經被主呼召作主門徒。教會代表主呼喚未信或初信者，發出熱誠的邀請和挑戰。導師是門訓的靈魂人物，也是人才培育的重要資源，所以導師必需是一位跟從主並彰顯品格成熟的生命的人，與主有親密而穩定的關係，在生活上結滿果子，能與人有情誼之交，其品格得教會眾人和牧長的認受。

導師對門訓要有熱誠，定志接受主差遣，是出於對人的關愛，與主同工，獻上自己的時間和恩賜（太十五 29～37）。導師要認真禱告，尋求辨別誰是主托付的受訓者，並要作出堅定的要求（四 18～22），因為跟從主不是自我滿足的娛樂，乃是捨己背上十字架，是一生的跟從。

B. 被吸引跟從

門訓的本質是跟從師傅，因被主吸引，渴望學效主，不是出於強迫，也不是出於恐懼被懲罰。人沒有從心中仰慕主，便不會下決心作主門徒。因此，受訓者必須自願並承諾積極參與，教會不要勉強人參與。堂會為事工需要而辦的訓練，不應稱為門訓。主耶穌的名是尊貴的，而導師和門徒的時間和生命也非常寶貴，但導師的能力亦是有限的，最多可同時用心訓練六至八人。因此，不要「濫收」門徒，不要追求人數和世俗的效益。

C. 成長的向度

門徒是在世活出耶穌的生命，這新生命是要培育和關懷才能長成，正如任何生物一樣，身心靈都要循序漸進，至少要花兩至三年時間打穩根基。門訓不是用知性的課程範式便可以達成，因為每個生命都需要得到細心認識和回應，導師要像主的好牧人，認識他的羊。導師要忍耐，因為信仰的追尋不是線性的，而是隨著人生際遇而來的重複學習；那重複學習而有的長進，更貼切的描述，就是螺旋式的長進。

遵行主的教訓，是全人的遵行，所以門訓的學習涉及個人整全的生命，包括信仰教義、見識、內在情緒、意志、信念、渴望、價值觀、外在態度、談吐、習慣等。成長要在互動中漸長，互動於人羣中，即家庭、職場、社會、堂會和大公教會。

D. 羣體的盛載

主教訓的總綱，是盡心愛上帝和愛人，所以，門徒必需要在人羣中實踐互愛，在黑暗中作光，反映主的榮美。社羣是複雜的，同時有其黑暗面。黑暗在三大範疇：[21] 世界、肉身和魔鬼。世界的黑暗指世俗文化的價值觀——崇尚科技、成功、爭競、自力、物質化、數量化等。肉身的黑暗是人本能的自愛和慾望。魔鬼的黑暗是指牠透過宗教現象和迷信力量誘惑人。面對複雜的社會黑暗，門徒不能獨善其身，尤其在抗衡世俗的競爭文化、物質主義和非人化方面，門徒必需反其道而行，重視愛護別人。門徒也不能單單期望一位完美導師的出現，門訓應在小組團隊中進行，藉由羣體互助建立統合力和洞察力，從中培養出自主和應變力。

E. 適切的內容

門訓既然要教導人跟從基督，就不可能是一套普及教材，因為道成肉身的基督所要的門徒，是具體應對其文化處境的。面對的社會、世界觀、政經體制等文化處境，香港信徒要辨別甚麼是不可效法的，怎麼的門訓方式才是適切的。在現今人際關係疏離、職業生涯壓力日益加大的處境中，門訓傳統的一對一師徒關係和靈修指導，值得我們重新重視。某些堂會以中產的中年會友居多，我們需要先讓會友有充足的時間和空間發展屬靈上的友誼，一同探索在職場、婚姻、家庭、學業中遵行主道的路徑。

除了門徒自身的處境外，他們的成長歷程也會對靈命帶來不同的領悟和進深經驗，由內心的動力推進，按時候結靈命的果子，深化之前所學並更新變化，所以門訓的進程是螺旋式的，[22] 不斷對應現今的處境。以下是更新和補充香港教會傳統門訓的六個方面，即內在生命、整全福音、情感健康、社會關懷、召命人生，以及教義道理。

(i) 內在生命

門訓一向著重紀律和成聖，這是非常好的。成聖是內心的轉化，且是漫長的更新，當中必經四種轉化：靈性、心理、理智和道德行為。這四種轉化是一個進程，悔改行為只是最後較可見的轉化。若成聖欠缺內心的轉化，基督教便會變得教條化。門訓要重新著重內在生命與主結連之道，在禱告中發展與主的親密關係，方能深入溝通，向主坦誠內心的動態和深藏的動機，經歷靈性的轉化。這種內在的生命之道，並培養對主的愛情，是需要導師陪伴的，當門徒心裏的熱情增加，外在的紀律便會隨之而生。上帝救贖人是要人效法祂兒子的模樣（羅八 29），變成主的形狀，如同從主的靈變成的（林後三 18），讓基督在我裏面活著（加二 20）。惟有耶穌的靈內住在我們心裏，我們才能長成基督的身量。

(ii) 整全福音

口傳主耶穌的救恩是門訓不會缺少的內容，而福音是叫人與上帝、與自己、與別人和世界和好，使罪得赦，讓仁愛彰顯。誠如司徒德牧師（John Stott）晚年歸納門訓的精粹於其著作《紮根的門徒——全心的基督徒生命》（*The Radical Disciple:*

Wholehearted Christian Living），重申現代忽略了的八個門徒特質，其中一個是門徒要有基督形象，就是要活像我們所宣講的基督。那些擁抱他們所說的人，其傳道最為有效，因為他們活出他們的信息。傳福音的不是字句或意念，而是基督徒羣體。溝通或傳揚福音的基本內容是個人的真實生活。[23]

（iii）情感健康

我們都受著家庭和過去成長的塑造，而罪惡是互相牽連的，因此人或多或少總有破損或心靈受傷。門徒跟從主，得著新生命，也需要得醫治和重建心靈。一位在美國種族問題最複雜的地區——紐約皇后區（Queens）——建立一多文化、多種族的大型教會牧者彼得．史卡吉羅（Peter Scazzero）經歷危機後，他深切反省並覺悟到，真實的門徒應該結合情感與靈命兩方面的健康，於是帶領教會在門訓上進行更新，重建門訓遺失的環節——情感健康，後來更寫成《建立高 EQ 的教會》（*The Emotionally Healthy Church*）一書，分享這方面的經驗。他提出六個原則：（1）察看表層底下的問題，省察裏面的自己，努力面對我們的感覺和動機；（2）辨識家庭和往事對自己的影響，破除壞的影響，如不成文的規矩、價值觀和作事的方式；（3）活在破碎和脆弱裏面，謙卑接受；（4）歡樂地接受「有限性」這個禮物，學習分辨自己的有限性——個性、人生季節、生命的狀況、情感能力、體力和智力、負面情緒、從過去家庭或遭遇所受的創傷和傷疤；（5）接受悲痛和損失，透過我的眼淚，我看見了一位受苦的上帝，悲痛是通向憐憫的道路；（6）以道成肉身為彼此相愛的榜樣。[24]

（iv）社會關懷

二十世紀一次世界大戰後，福音信仰的教會忽視社會責任的向度，直至七十年代才產生轉變，先後有多次福音信仰教會的領袖共同發表聲明；一九六六年美國的世界宣教大會（American Conference on World Missions）的「惠敦宣言」（"Wheaton Declaration"），將「向萬人傳福音的基本要務」、「用言語為耶穌作見證」和「福音的社會行動」結為一體。一九七四年世界福音會議（International Congress on World Evangelization）的「洛桑宣言」（"Lausanne Covenant"）倡議，「傳福音和社會、政治的參與，同為基督徒的責任」，「在教會的使命中，以犧牲的服務來傳福音，是最根本的要素」。一九八二年「傳福音與社會責任的關係」研討會（Consultation on the Relationship between Evangelism and Social Responsibility）的拉彼茲（Grand Rapids）報告，其標題是「傳福音與社會責任：福音派的委身」，指出社會行動是傳福音的結果，也是橋梁，兩者乃互為伙伴。「福音是根，傳福音和社會責任同樣是其上的果子」。基督門徒在社會上有公民責任，為主發光。門訓在這方面可以得到補充：訓練門徒要搜尋正確資訊，為國家及社會禱告，分享對應社會爭議的原則，邀請專人指導方向及可能方案，營造容納不同意見的空間，必要時宜公開合一地為社會福祉發聲及行動。

（v）召命人生

門訓的傳統是「倍加原則」，意思是當門徒接受了導師悉心栽培，他們便照樣作在下一代門徒身上，代代相傳，傳揚福音，倍增下去，讓普世得救。這做法的前設是訓練乃是有樣板可跟隨的，而受訓的人也沒有差異性；門徒有一共同呼召，一個導師便可培育一個門徒。誠然，廣義上，基督徒的召命是相同的，總結為愛上帝和愛鄰舍如同自己，並參與上帝在歷史中的拯救計劃。但當更全面和具體地看時，我們卻不可忽略上帝造人是獨特的，而天國也是廣大的，每一個人的參與並不一樣，每個人本身就是上帝的恩賜，是一份給世界的禮物（羅十二4；徒六10）。門訓的目標不是倒模地照做師傅所做的，乃是讓門徒發現上帝給他的特質和呼召，從而實現活潑的夢想，塑造社會文化，為上帝關懷世界。

（vi）教義道理

活在後現代的文化中，香港教會的信徒容易受感性的信仰熱情的表達所吸引，重視經驗和感受分享，缺乏理性思考。為了教會健康和真理的持守，現在反而更需要裝備門徒信仰的教義根基、理性的思考和辨別經驗的能力。因此，門訓極需要教導教會的信仰根基，如基本教義、聖經的解釋方法、統合信仰與生活場景的反省等。這不單是知識傳授，乃是需要導師本身對教義道理充滿熱愛和求知慾，並感染門徒同行去追求學問。

五 總結

耶穌基督說祂來了，是要叫人得生命，並且得的更豐盛（約十10）。人能追求主所賜的生命，這是何等福氣！這種豐盛的生命是能與上帝、與自己、與別人，也與世界和好，是整全的福音，這是始於仁愛的創造主按祂神聖的形象造人，並創造天地。門訓本於創造主的整全使命，忠於主基督這美好的福音，造就仁愛生命。所以，門訓可稱為「愛的教育」，而不是堂會事工技巧訓練課程，也絕不是速成的、表面的「領袖」訓練。門徒得造就是一生之久，需要不同的導師陪伴，也需要健康的教會羣體生活，讓主的生命活出來。在現今時代和環境下，香港教會的門訓宜在傳統門訓基礎上，多留意六個方面：內在生命覺察力、整全福音的使命、情感健康的培育、社會和文化的關懷、召命人生的活力，以及教義道理的認知。

註 釋：

1. 史貝娣（Betty Lee Skinner）：《建造生命之輪：門徒訓練之使徒卓道森》，林恂惠譯（台北：橄欖基金會，1993），下冊，頁 73～123。
2. 史貝娣：《建造生命之輪》上冊，頁 117。
3. 史貝娣：《建造生命之輪》上冊，頁 25。
4. 史貝娣：《建造生命之輪》下冊，頁 191。
5. 史貝娣：《建造生命之輪》下冊，頁 83。
6. 史貝娣：《建造生命之輪》上冊，頁 69。
7. 史貝娣：《建造生命之輪》上冊，頁 84。
8. 史貝娣：《建造生命之輪》下冊，頁 90～95。
9. 史貝娣：《建造生命之輪》上冊，頁 86，132；下冊，頁 80。
10. 史貝娣：《建造生命之輪》下冊，頁 97～153。
11. 史貝娣：《建造生命之輪》下冊，頁 96～97。
12. 參香港教會普查研究組編：《2009 香港教會普查簡報》（香港：香港教會更新運動，2010），頁 32 圖 31：堂會未來的培育需要。
13. 《2009 香港教會普查簡報》，頁 28。
14. 《2009 香港教會普查簡報》，頁 17。
15. 靈修學和門訓學者魏樂德（Dallard Willard）有精闢的洞見，論説深入而清晰，推薦閱讀其著作：Dallard Willard, *The Divine Conspiracy-Rediscovering Our Hidden Life in God* (New York, NY: HarperCollins, 1997); *Renovation of the Heart* (Colorado Springs, CO: NavPress, 2002)。中譯本：魏樂德：《心靈的重塑》，譚晴譯（香港：天道，2006）。

16. 彼得 · 史卡吉羅（Peter Scazzero）、柏華倫（Warren Bird）：《建立高 EQ 的教會》，何劉玲、張晨歌譯（美國：麥種傳道會，2004）。
17. 筆者曾在香港神學院第 82 期院訊（2005 年 11 ～ 12 月出版）刊登主題文章〈Parker Palmer 和 Jane Vella 的教育模式對牧養成年人的啟示〉，介紹了兩位基督教教育專家的成人教育理念有三個相同之處：（1）重視學員的全人；（2）真理和學員都是主位；（3）在團體關係中學習。
18. Aubrey Malphurs, *Strategic Disciple Making—A Practical Tool for Successful Ministry* (Grand Rapids, MI: Baker Books, 2009).
19.《2009 香港教會普查簡報》，頁 16。
20.《2009 香港教會普查簡報》，頁 14。
21. 參多瑪斯 · 格林（Thomas H. Green, S.J.）：《麥子中的莠子 ——分辨：祈禱與行動的會晤》，姜川譯（台北：光啟文化，2006）。
22. 香港專業人才服務機構的「Imagine 職場教牧網絡活動」於二〇一〇年辦的堂會職場事工研討會—門徒訓練中也提出螺旋式概念。
23. John Stott, *The Radical Disciple—Wholehearted Christian Living* (Downers Grove, IL: Inter-Varsity Press, 2010), 39 ～ 40.
24 卡吉羅、柏華倫：《建立高 EQ 的教會》，頁 19 ～ 29。

8

心靈關顧：傳統與更新

張天和

一 心靈關顧是全人的關懷

「基督徒的靈命之旅不單只是改變信仰和習性，更根本的，是要在基督裏成為新造的人。」[1] 因此，心靈關顧是以幫助一個人成為完全及聖潔為目標。

如此，基督教心靈關顧的責任不應只局限於教牧人員、基督徒輔導員、屬靈導師、基督徒臨牀心理學家等，所有基督徒都應蒙召，去培育及關顧與他息息相關的內在生命。

「心靈關顧」源自拉丁文的 *cura animarun*。*Cura*（關懷）一字同時包含關懷和醫治的觀念，這兩個觀念所涉及的行動，是要鞏固和修復某一個美好狀態。*Animarun*（靈魂）在聖經中有豐富的含義，涵蓋整個人的生命，包括思想、情感及身體。

「心靈關顧」是一種支援和醫治的行動。所謂「支援」，有支持或「站在一旁」使能隨時加以幫助的意思。另外，支援亦有安慰之意，使哀慟喪氣的人得到精神上的振作，使其能有勇氣面對現實。至於「醫治」，乃是成為完整之意。醫治過程中的「成為」，它實際上是「再成為」，因為醫治是把那原有而後來失去了的機能重新恢復過來。因此，醫治可作為恢復機能上之完整的過程。

除了把治療看作恢復失去的機能的過程之外，也包括靈魂的治療。從傳統而言，罪是損害機能「完整」的最大因素。要醫治因罪而造成的敗壞是非常困難的，因罪不但是內在的，亦是外在的。[2]

心靈關懷因此便可被理解為全人關懷，尤其關注的是他們的內心世界。這就是要培育和支援、醫治和修復人的內在生命，並且引導人藉著行為將這個內在生命表達出來。[3] 為此，心靈關顧是先從靈性和心理的角度去關注人的內心世界，但絕不是單單關注人的某一方面（靈性、心理或身體），而對其他方面則完全置之不理。

一直以來，基督教教牧工作對人靈魂關懷的兩個重點，就是要糾正罪之惡果和促進靈性成長。這與拉丁文 *cura animarun* 的含義密切相關。醫治與修復是對糾正罪惡這需要的回應，而培育與支援則是對追求靈性成長這需要的回應。基督教自古以來一直致力結合兩者。

根據加略祈（William Clebsch）和積高（Charles Jaekle）的分析，基督教心靈關顧包括四大元素，就是醫治、支持、修復及引導。「醫治」是指著力幫助別人克服某些弱點和邁向整全，這同時包括身體與靈性的醫治；「支持」是指透過關顧的行動，去幫助一個受傷的人能忍受和超越某個已無法或不大可能修補或挽回的境況；「修復」是指致力重修破裂的關係；「引導」是指幫助人作出明智的抉擇，藉此邁向成熟的靈性。然而，這四大元素之中，總有一個會在教會歷史某些時期壓倒其他元素。[4]

可是，在實施心靈關顧的過程中，傳統上教牧人員往往側重靈性層面，卻較忽略將焦點放在整個人身上，包括感覺、思維和意願等心理元素所交織的內在生命。此舉的結果，造成教會被認定只對應人的靈性需求，於是教會幾乎完全放棄提供任何引導人全面整理內心生活的行動。這最終導致心理治療師取代了教牧人員的角色，成為醫治人的心靈醫生。近年，筆者觀察到有較多教牧人員重新回到他們應有的崗位，負起關懷和醫治人心靈的責任，為信徒進行心理輔導或心靈醫治，相信這是心靈關顧另一種著重點。本文嘗試介紹及比較這些心靈關顧的實施方式。

二 聖經輔導

大約三、四十年前，在基督教輔導界中，出現了聖經輔導學，這一學派的人士因為堅守聖經是信仰和行為的惟一和足夠的原則，所以相信研究和應用聖經，可以解決生活上的各種問題。開山的神學家是亞當斯（Jay Adams），可稱為「聖經輔導之父」，接著，有很多其他的聖經輔導員和作者出現，譬如麥亞發（John McArthur）和鮑力生（David Powlison）都是現時聖經輔導界的名人。當時，信仰純正的美國基督徒，尤其是那些比較保守的人士，都非常歡迎聖經輔導，認為它正中時代的需要。

1. 聖經輔導的前設

聖經輔導基金會的創辦人約翰．布魯格（John Broger）所寫的一本聖經輔導手冊——《面對自我》(*Self-Confrontation*),書面儼然寫著:「以新舊約聖經作為信心和行為的惟一權威原則。」[5] 書中同時提到聖經輔導的基本前設:

A. 聖經的完備性

上帝的話既然是基督徒信仰與行為的惟一權威,我們幫助有需要的人就必須使用這權威,別無選擇。

B. 聖靈的必須性

基督徒既然凡事順從聖靈,正如使徒保羅所說的:「只有上帝藉著聖靈向我們顯明了,因為聖靈參透萬事,就是上帝深奧的事也參透了。」(林前二 10)我們輔導有需要的人時,也必須有聖靈的工作。

C. 禱告的重要性

當我們輔導人時,卻不禱告,很多時候不但問題得不到解決,甚至愈弄愈糟。不可忽視禱告的能力,好好使用基督徒禱告的特權。[6]

2. 聖經輔導的定義與立場

所謂聖經輔導,是試圖從聖經的角度,來檢視當事人的問題及影響當事人的因素、制定輔導的目標,並以聖經的方法來改變人。簡言之,根據聖經來解釋人的問題何在,並根據聖經來處理那些問題,以幫助當事人回轉到上帝的方向。

聖經輔導的預設立場是:宇宙有一位真神,祂創造宇宙萬有,並按其形象造人。因此,對於人類當如何行事為人,應有何思想、情感、意志等等，這位真神提供了終極價值觀。照祂的話去做的人，就會有平安喜樂等。而不聽從的人，就會經歷各式各樣的痛苦、掙扎、困難等。

這位真神將其對人的心意顯明並啟示在聖經裏。人既是這位真神所造，對人問題最了解者，就只有神。世界上任何專家的看法若與這位真神不合，不論其論斷如何聳動人心或獲得廣泛支持，都不代表其論點是正確的。若想探討人類問題，想要幫助甚至解決人的問題，就必須完全按這位真神的心意、論點和方法。

3. 聖經輔導的目標

聖經輔導的目標，乃是根據基督的心意，恢復當事人在基督教會裏的用處，就是彰顯基督的全權、恩典、榮耀。因此，聖經輔導員在幫助人時，應該根據基督的心意（參羅十二 15；十五 2），在人與神關係上造就當事人，使之建立德行而得益處。

聖經輔導學認為，當事人的生命改變乃是聖靈所結的果子。改變有三大前提：

A. 需要一生之久

人必須先得到救贖，自罪中由耶穌基督拯救，此乃上帝在耶穌基督裏賜下的恩典：立即成聖（immediate sanctification）。然後才能靠聖靈脱去舊人，穿上新人，漸進成聖（progressive sanctification）。

B. 改變是上帝的恩典，但人亦需要負起責任

上帝恩典，藉聖靈賜下大能，使我們能產生敬虔的品德（參

羅八 31～39；林後五 5；彼後一 3～4）。但基督徒必須要住在基督裏，才能結果子（參約十五 4～8）。

C. 生命改變非僅外在行為的改變，乃是從內到外的改變

生命的改變包括價值觀、慾望、動機、思想、情感、感受、意志、態度、關係及行為等。使當事人改變的，除了上帝，尚有敬虔之友、處境、聖經記載的上帝之言，以及當事人自己等。

因此，學習聖經輔導學的人，其神學首先必須歸正，堅信正確的基督教教義，持定聖經的全備性與充分性，認定聖經對於人生問題及解決之道已提出全備論述，正確且充分，因那是永生神上帝之言。[7]

三 教牧心理輔導

筆者認為，教牧心理輔導是聖經輔導的第二發展階段。它始於二十世紀七十年代後期，是在聖經原則之下，借鑒心理學的方法去解決個人心理和生活問題。

1. 教牧心理輔導的定義與重點

按曹敏敬牧師的定義，教牧心理輔導是「以基督教的傳統價值為基礎，尤其是對聖經及教牧神學上的了解，透過心理學及心理治療的方法去幫助一些人，使他們受到傷害的靈性及情緒得醫治；使在個性及人格失調的得重整；並引導那些在人生旅途中失落的人找尋到最終的歸宿」。[8]

根據上述定義之分析，「輔導」確是一個過程，是輔導員

與受輔導者關係建立，助他找出問題所在，支取資源，克服困難，以達到健康美滿的生活。對基督徒來說，這生活是合乎聖經教導的生活。因此，教牧心理輔導在定義上實有以下重點：

A. 是一項以神為本，校正他人人生方向的事工

教牧心理輔導是「以神為本」，在整個輔導的過程中，上帝不單參與，並且使用輔導者作祂的器皿，改變他人人生的方向，使受導者重新與上帝和好，改進他的人際關係，緩和他內心的衝突，帶給他出人意外的平安。

B. 是一項花時間的事工

教牧心理輔導是一個過程，這意味著它是頗花時間的，如遇有個性執拗的受輔導者，輔導員所付出的時間代價可能是很昂貴的。儘管如此，正是幾許耕耘，幾許收穫，目睹一個人生命的改變，給輔導員的滿足感是無可比擬的。

C. 是一項需要獨特關係的事工

教牧心理輔導是一種獨特關係的建立，尤以信徒之間，或是牧者與會友的關係，表明了教會是一個互相尋求醫治的羣體，絕不是求取者眾，付出者寡，反而是以信、望、愛去彼此建立，成就了肢體相交的真理。

D. 是一項幫助成長的事工

教牧心理輔導是為了幫助信徒在主裏成長，這表示它是一個有方向感的助人過程，使信徒能活得更合乎聖經的教導，或

是活得更像基督。

E. 是一項合作的事工

教牧心理輔導是輔導員與受導者共同探討問題的所在和解決的方案。

2. 教牧心理輔導員的條件與技巧

A. 教牧心理輔導員的條件

由於教牧心理輔導是建基於一個十分「親密」的關係上，無論輔導員採取哪一種理論和方法，他的思想、態度，甚至一言一行都會影響受導者。其次，由於輔導員的身分和地位，受導者會很自然地以他作個人為人處事的典範，事實上有愈來愈多的研究證明個案成功的因素很在乎輔導員本身。因此，做輔導員的第一先決條件是致力於本身人格的全面發展；在身體、情緒、理性、和靈性各方面追求成長、協調。因為輔導員是受導者的模範，只有自己在身體、情緒、理性、和靈性——人格結構最基本的幾方面有合適的發展，才有足夠的意志和能力去輔導別人。

另外，在輔導過程中，輔導員引導受導者隨著目標逐步發展。輔導過程的兩個必要條件：一是輔導員對受導者的基本需要有所感應；二是輔導員主動引導受導者的行為，直至達到目標為止。

認識輔導的目的是從事輔導工作的先決條件之一。如果不知道輔導的目的是甚麼，教牧心理輔導就失去輔導的目標和方向。輔導有兩個目的，一是直接性的，一是間接性的。「改變行為」是輔導的直接目的。「改變和協調人生」是輔導的間接目的，也是輔導的最高目標。

B. 教牧心理輔導員的技巧

教牧心理輔導者除了竭力追求本身人格發展外，還須配備輔導的技巧。這些技巧包括：[9]

(i) 關注聆聽的技巧

輔導員應該配備的第一種技巧是關注聆聽的技巧，包括對身體和心理各方面敏鋭的觀察和辨識。他知道人除了用言語表達思想和感情外，也用體態來表達思想和感受。有了關注聆聽的能力，輔導者才會對受導者的需要有所感應和溝通。使受導者可以探討他的難題。

(ii) 探討和感應的技巧

輔導員應該配備的第二種技巧是探討和感應的技巧，將受導者本身和他所説的話表示尊重和共鳴，從新建立和諧親善的關係，使受導者更進一步地探討自己。

(iii) 協調整合的技巧

輔導員應該配備的第三種技巧是協調整合的技巧，將受導者片面的思想和感情調理整合成為連貫的經驗，從而使受導者更深入、更全面的了解自己當前的處境和心願中的目標。

(iv)「解決難題」和「計劃行動」的技巧

輔導員應該配備的第四種技巧是「解決難題」和「計劃行動」的技巧。藉這兩種技巧幫助受導者研究、計劃他的行動方針。

由於教牧心理輔導傾向於採取各家心理治療學派學說的優點和技巧，[10] 輔導員應運用一些能放諸四海皆準的原則，並且強調理論的實用性，以達到互為補足之效。另外，更需要有穩健的神學基礎，以能分辨、過濾和匯通甚麼是合乎基督教所採用的理論和技巧。

四 心靈醫治

心靈醫治（或內在醫治〔Inner Healing〕）在香港發展了二十多年，是基督徒對治療人的心靈創傷的一個統稱，它包含多種模式相似的治療法，如深度醫治、創傷醫治、記憶醫治等。心靈醫治主要是以祈禱為主要醫治的模式，在觀念上也就是以聖經醫治的教導為依歸。它是透過禱告服事，處理一個人過去創傷的記憶和醫治心靈上的傷害，以致他能夠得到全人的醫治，並愈來愈像主。因此，筆者認為心靈醫治不但是聖經輔導及教牧心理輔導的延伸，並更直接對應人心靈上的需要。

1. 心靈醫治的信念與定義

心靈醫治的信念是，人的問題是由以往未處理的心靈創傷所引致，施助者透過聖靈的帶領，運用聖靈的恩賜，幫助受助者發掘出以往創傷的記憶，並回到受創傷的時空，呼求與他同行的主耶穌幫助、釋放和醫治他過去的創傷，受助者就可以在屬靈生命上有更明顯的突破和進步。[11]

從事多年心靈醫治的劉世增牧師，對心靈醫治下的定義是：「禱告服事者靠著神的話及聖靈的能力和恩賜，透過禱告幫助人順服神，從犯罪及受傷的記憶中得著心思意念上、行為上、關係上、屬靈上的醫治釋放，使受服事者除去罪與受傷的惡果，離開靈界的壓制，重建神的形像，活出聖靈充滿的生活，更像基督，並且有能力完成神在自己身上的呼召與使命。」（參賽六十一 1～3；路四 18～19；徒十 38）[12] 所以心靈醫治不是負面內向的活動，是首先透過禱告，讓自己的生命經歷基督復活的能力（腓三 10～11），勝過罪的捆綁玷污和傷痛經歷所帶來的負面影響，用生命去彰顯福音的醫治和拯救大能。心靈醫治不是一般心理輔導協談服務，也不是強調追求方言和身體醫治的靈恩派活動，更非新紀元運動所宣導的超覺冥想，而是把握聖經的教導和應許，順服聖靈的引導，在父上帝的保守和主耶穌的權能下重整與更新心靈。因此，心靈醫治更積極的目標和更深層的意義是正視心靈的狀況，尋求基督徒生命整全的發展和成長，真正實踐與上帝及人重建關係。

2. 心靈醫治的階段與技巧

心靈醫治的過程大致分為四個階段：

1. **彼此了解**：為了建立初步的信任，施助者邀請受助者分享需要醫治的地方。
2. **禱告等候**：施助者為受助者禱告，在這過程中，施助者或受助者可能會有一些感受、經文、圖像等領受。
3. **分享領受**：施助者會直接向受助者分享他的領受，同時也詢問受助者有何感受、體驗或聖靈有沒有說話等。
4. **介入服事**：施助者與受助者一同邀請耶穌臨到受助者的心靈世界，釋放和醫治受助者過往的心靈創傷。

以下是一個內在醫治過程的解説：香港禧福協會基層福音事工訓練學院導師麥麗嬋女士分享了一個這樣的案例，嘗試説明心靈醫治「重開」、「重演」和「重譯」的三重進程及其中的技巧：

永賢（化名）是一位接近四十歲的弟兄，他要處理的問題是覺得自己有很多感情的壓抑及心靈不自由。在傾談的過程中，知道永賢父親的職業是海員，母親要獨力照顧他和弟弟。在孤單鬱結之中，母親選擇了永賢成為他的傾訴對象，一有空間就向永賢傾訴，卻沒有作為永賢的聆聽者，當時只有十歲的永賢就視這一種溝通是與母親的親密關係。誰不知代入了母親的苦情世界，使他漸漸失去了喜樂、自由及自己，而惟一找到自己的地方，就是在認同母親之處。他深刻記得一幅圖畫，就是十歲的他臥在床上，聆聽著母親訴苦。

在「重開」進程中，筆者邀請他閉上眼睛，求聖靈讓他看見那幅圖畫，並在整個過程中祈求聖靈的指引及保守。當圖畫呈現時，筆者邀請臥在床上的永賢向母親表達內裏的感受，起初有點困難，因為那些感受壓抑了很久，但在筆者引導下，漸漸可以表達出小朋友期望母親了解的心聲，同時也流露出聽母親訴苦所帶給他的心靈捆鎖。他明白到沒有自由與喜樂的原因，是因為長期被捆在母親的苦情世界之中。

在「重演」的進程中，筆者邀請那個小朋友的永賢接受主耶穌作他個人的救主，之後他見到耶穌帶他離開現場一起在天空飛翔，呼吸自由的空氣。

> 在「重譯」的進程中，筆者看見永賢由愁眉深鎖到開顏展笑，他經歷到耶穌的醫治，感覺到與母親以往過分黏纏代入的關係被更新了，並且意識到他與母親是兩個獨立的個體，這份關係的重譯，會幫助他的心靈更自由、更釋放地表達情感，這完全是聖靈奇妙的工作及主耶穌的愛。（麥麗嬋：《內在醫治模式》）[13]

基本上，心靈醫治是隨著聖靈的引導並透過禱告作醫治，沒有一套特定的技巧。若按照上述的個案為例，施助者運用了兩種最普遍處理創傷的技巧：視像法（visualization）、與內在孩子（inner child）對話。根據香港建道神學院輔導系主任魏健智博士的分析，心靈醫治有其貢獻，因它給予受助者抒發情感的機會，從而得著「洞見」，能夠從新的角度去理解過往創傷的回憶，經歷上帝醫治的恩典。同時，運用心靈醫治也有危險之處，例如回憶可能令受助者再一次受傷害，施助者的引導可能成為操控，而引起一些輔導的道德問題。[14]

雖然如此，筆者贊同廖炳堂博士的提醒：「在充滿苦難並強調自我的後現代世界中，醫治心靈創傷問題委實是成聖過程中不可輕視的課題。惟願內在醫治觀的一些強處，在經過嚴謹神學和輔導學的充分過濾後，可以被吸納在基督教的牧養輔導的領域之中，真正造福教會而非將教會『民間迷信化』。」[15]

由於心靈醫治的包含甚廣，施助者需從自身的信仰立場和真理上對其理論、技巧和過程三方面作出仔細的分析、反省和選取，訂立自身的分界線，並謹慎地運用，才能榮神益人。

五 結語

綜觀三種心靈關顧的實施方式，都是為了幫助人全人成長。雖然各有不同的信念、前設，但總離不開聖經及禱告，同時後二者更加入心理學或心理治療的元素。筆者認為三者都可以應用在今天心靈關顧的領域中。

惟心靈醫治在華人教會中曾引起不少的爭議、誤會，甚至混亂。有人認為心靈醫治缺乏聖經基礎，或錯用聖經來支持某些做法；也有人認為它只是一種另類的心理技巧和治療法；也有人將心靈醫治與新紀元運動掛鈎，相信是撒但矇騙基督徒的技倆，甚至指出心靈醫治即使不是異端，也離異端不太遠了。[16]

筆者認同郭鴻標博士的觀點，他提到：「近代很多研究心靈醫治的學者指出，接觸內心傷痛的記憶及情感是邁向康復的起點。人生難免有各種遺憾，內心被憤怒的情緒困擾，人需要學習讓上帝的愛化解怨恨。」[17] 因為心靈醫治其中一個重要環節是在回憶中尋找心靈受創傷的根源，上帝透過圖像與聖經中的說話，病人要預備自己得醫治，學習上帝的話、禱告、悔改、順服、饒恕、更新及接受輔導，以致更像基督。

從基督徒心靈關顧的角度看，開放自己接受上帝的救恩是最徹底的治療方法。當人回歸生命的本源 —— 上帝，心靈醫治的過程就開始，就是整個人與主耶穌的生命連在一起，產生根本的變化。

註 釋：

1. 貝納爾（David G. Benner）：《心靈關顧：修正基督徒的培育和輔導觀念》，尹妙珍譯（香港：基道，2002），頁 1。
2. 這是已故普林斯頓神學院教牧神學教授喜爾得納（Seward Hiltner）對牧養功能的觀點，詳細內容可參喜爾得納：《牧範學導言》，馬鴻述譯（香港：基督教文藝，1987），頁 117～187。
3. 貝納爾：《心靈關顧》，頁 11～13。
4. 貝納爾：《心靈關顧》，頁 23。
5. 轉引自張逸萍：〈分辨心理學對基督教的影響〉。參網址：http://www.chinesechristiandiscernment.net/Cedar_Training/psych.htm；瀏覽於 2012 年 10 月 29 日。
6. 參廖燦民牧師：〈聖經輔導入門——近代聖經輔導的實踐（二）〉。參網址：http://www.truth-monthly.com/issue200/1005cs03.htm；瀏覽於 2012 年 10 月 29 日。
7. 參李台鶯：〈聖經輔導——智慧有效的輔導〉。參網址：http://www.ccim.org/node/100；瀏覽於 2012 年 10 月 30 日。
8. 曹敏敬：《教牧心理輔導》（香港：基督教文藝，1991），頁 30。
9. 各種輔導技巧之詳細內容，可參林孟平：《輔導與心理治療》（香港：商務印書館，1986），頁 178～248。
10. 在教牧心理輔導中較常用的包括：羅傑士（Carl Rogers）的「當事人中心治療法」（Client-centered Therapy）及佛洛依德（Sigmund Freud）的「心理分析治療法」（Psychoanalytic Therapy）；其他不同的論説也同樣受到注意和採用，例如：「行為治療法」（Behavioral Approach）、「完形治療法」（Gestalt Therapy）、「理性情緒治療法」（Rational-emotive Therapy）、「現實治療法」（Reality Therapy）及「想像治療法」（Imagination Therapy）等。大概至少有二百五十個輔導及心理治療學派和體系存在於現今時代，參 R. J. Corsini ed., *Handbook of Innovative Psychotherapies* (New York, NY: Wiley, 1981) 及林孟平：《輔導與心理治療》，頁 70～173 的介紹。
11. 多年來從事心靈醫治的精神科醫生康貴華分享自身有同樣的體會。參廖炳堂編：《醫治神學的反思——身心醫治及教會實踐》（香港：建道神學院，2011），頁 207～208。
12. 劉世增：《因為我耶和華是醫治你的——心靈醫治的基本原理及實踐須知》（香港：以利亞使團，2001），頁 14～16。
13. 轉載自董建林：〈聖經輔導、教牧輔導與心理諮詢的關係〉。參網址：http://www.churchchina.org/no070308；瀏覽於 2012 年 10 月 24 日。

14. 有關心靈醫治貢獻及危險的詳細評論，可參魏健智：〈從輔導角度看「內在醫治」〉，載於廖炳堂編：《醫治神學的反思》，頁 185 ~ 194。
15. 廖炳堂：〈從神學角度評析柯瑞福的內在醫治觀〉，載於廖炳堂編：《醫治神學的反思》，頁 139。
16. 董建林：〈聖經輔導、教牧輔導與心理諮詢的關係〉。
17. 郭鴻標：〈疾病、罪與身體心靈醫治的關係〉，載於廖炳堂編：《醫治神學的反思》，頁 308 ~ 309。

編者跋

趙崇明

尼采（Friedrich Nietzsche）曾經形容，孩童成了「快樂得不知過去的重擔為何物」的象徵，因為他們「在過去和未來的藩籬之間，對眼前視而不見，無憂無慮地玩耍」。這種遺忘過去，無視將來，自以為活在當下卻竟對眼前事物視若無睹的生活態度，真的值得我們嚮往嗎？這種「無憂無慮」真的會帶給我們幸福感麼？沃弗（Miroslav Volf）說得好，若對「將過去和未來帶到現在」不抱期待，人生將會失去深度和豐富。畢竟生命不能永遠停留在膚淺的孩提時代，對過去的歷史感與對將來的憧憬，乃是培育生命茁壯成長的重要土壤。

一人有一個生命的故事，各人也成為說故事的人。本雅明（Walter Benjamin）對故事和說故事的人，有這樣的見解：「故事的目標和報道新聞不同，不在於傳達赤裸裸的事物本身。它使得所說的東西和敘述它的人的生命融合為一，而且在他的身上為故事的內容汲取養分。就是這樣，故事印上了故事人的痕迹，正如陶瓶身上模印著陶工的手紋。」每個人都有自己的過去，歷史與傳統自然成為個人生命的一部分，塑造和建構著我們的人生；人們亦會反過來回憶過去，以現在的生命去述說逝去的故事，不斷詮釋和想像自己的傳統；並從而展望將來，為明天鋪路。

耶穌設立聖餐禮時如此說：「這是我的身體，為你們捨的，你們也應當如此行，為的是記念我。」聖餐禮是一個儀式化了的說故事的行動，說的是耶穌的十架故事，記念的是耶穌的救贖歷史。這個說故事的行動之所以是行動，因為說故事的人不僅停留在知性上的回憶，同時的確重演了擘開身體和將餅吃進肚子裏的行動，餅和酒真的成為說故事者的身體的一部分。而且在聖餐禮所記念的餅，又不僅是一具只成歷史追憶已死的肉身，卻是一個已經復活的身體，為傳說這故事的人帶來生命轉化更新的盼望。

不但每個人都有各自的故事和傳統，教會也有自己的故事和傳統，這些傳統自然也會不斷塑造教會自身的生命，開展教會的前途。被故事建構的教會，固然亦有責任向人傳說三一上帝和教會自己的故事。聖餐禮就是教會其中一個要承傳、述說和演活的傳統，上帝也藉此傳統，為教會帶來轉化更新的終末盼望，因為主耶穌在設立聖餐禮時也如此應許：「我不再喝這葡萄汁，直到我在上帝的國裏，喝新的那日子。」

為配合二○一二年作為記念香港神學院成立六十週年的日子，便以「傳統與更新」為院慶主題。而這本文集內各篇文章，都是圍繞這主題而寫的。神學既要立足於傳統，忠於聖經和正統的信仰；又要對應時代的變化而不斷更新。無非都是為了配合教會在傳統與更新的道路中如何再走下去而設吧了。

2013 年 3 月 13 日

作者介紹

（按照文章次序排列）

趙崇明
香港神學院神學及歷史科專任講師

蘇遠泰
香港神學院神學及歷史科專任講師

鄧瑞強
香港神學院神學及歷史科專任講師

蔡式平
香港神學院聖經科部分時間講師

張祥志
香港神學院聖經科專任講師

張慧玲
香港神學院聖經科及實用神學科專任講師

張天和
香港神學院實用神學科專任講師

讀者意見表

緊扣時代 服事教會

以文字傳揚基督真道

衷心多謝你購買本社書籍。本社一直致力以出版事工服事教會，幫助信徒扎根於神的話語，促進靈命增長。為使我們的出版更能滿足你的需要，請填寫下列各項資料，並寄回或傳真予本社。

所購書籍：＿＿＿＿＿＿＿＿

本書最吸引你的地方：

□作者 □適切性 □文筆 □設計 □實用性

□其他：＿＿＿＿＿＿＿＿

購買本書地點：

□基道書樓 □基督教書店 □非基督教書店

性別：□男 □女 職業：＿＿＿＿＿＿＿＿

信仰：□基督徒 □非基督徒

年齡：□16歲或以下 □17～25歲 □26～35歲
□36～55歲 □56歲或以上

學歷：□中三或以下 □中五 □預科
□大學 □研究院

□我欲更多了解基道出版社的事工及考慮支持，請寄給我下列資料：

□機構簡介 □新書資料 □基道會員通訊

□《基道文字事工通訊》

姓名：＿＿＿＿＿＿＿＿ 電話：＿＿＿＿＿＿＿＿

地址：＿＿＿＿＿＿＿＿

＿＿＿＿＿＿＿＿

傳真：＿＿＿＿＿＿＿＿ 電子郵件：＿＿＿＿＿＿＿＿

其他意見：＿＿＿＿＿＿＿＿

＿＿＿＿＿＿＿＿

多謝賜教！

基道出版社

意見表可以傳真（2687-0281）或直接郵寄以下地址：
香港沙田火炭坳背灣街26號富騰工業中心1011室
基道出版社編輯部收